CARACTERIZAÇÃO DO VIOLADOR PORTUGUÊS:

UM ESTUDO EXPLORATÓRIO

MARIA FRANCISCA REBOCHO

CARACTERIZAÇÃO DO VIOLADOR PORTUGUÊS:

UM ESTUDO EXPLORATÓRIO

CARACTERIZAÇÃO DO VIOLADOR PORTUGUÊS:
UM ESTUDO EXPLORATÓRIO

AUTOR
MARIA FRANCISCA REBOCHO

EDITOR
EDIÇÕES ALMEDINA, SA
Avenida Fernão de Magalhães, n.º 584, 5.º Andar
3000-174 Coimbra
Tel: 239 851 904
Fax: 239 851 901
www.almedina.net
editora@almedina.net

PRÉ-IMPRESSÃO • IMPRESSÃO • ACABAMENTO
G.C. GRÁFICA DE COIMBRA, LDA.
Palheira – Assafarge
3001-453 Coimbra
producao@graficadecoimbra.pt

Março, 2007

DEPÓSITO LEGAL
256969/07

Os dados e as opiniões inseridos na presente publicação são da exclusiva responsabilidade do(s) seu(s) autor(es).

Toda a reprodução desta obra, por fotocópia ou outro qualquer processo, sem prévia autorização escrita do Editor, é ilícita e passível de procedimento judicial contra o infractor.

Dedicatória

Humildemente dedico esta dissertação a meu pai,
José Aníbal Ramalho Rebocho Ferreira Lopes
(11 de Fevereiro de 1929 – 6 de Dezembro de 2004)

...embora a saudade me turve a visão, a tua luz ilumina os meus passos...

You were once my one companion, you were all that mattered
you were once a friend and father, then my world was shattered...
wishing you were somehow here again, wishing you were somehow near
sometimes it seemed if I just dreamed somehow you would be here...
wishing I could hear your voice again, knowing that I never would
dreaming of you won't help me to do all that you dreamed I could...
passing bells and sculpted angels, cold and monumental
seem for you the wrong companion, you were warm and gentle...
too many years fighting back tears, why can't the past just die...?
Wishing you were somehow here again, knowing we must say goodbye
try to forgive, teach me to live, give me the strength to try...
no more memories, no more silent tears, no more gazing across the wasted years...
Help me say goodbye.

Andrew Lloyd Webber, in *The Phantom of the Opera*

Agradecimentos

Ao Prof. Doutor Fernando Almeida, orientador, mentor e amigo, agradeço os sucessivos votos de confiança, o apoio incondicional, o entusiasmo com que abraçou este projecto e o empenho com que me ajudou a concretizá-lo.

À Direcção-Geral dos Serviços Prisionais agradeço a prontidão e amabilidade com que concederam a autorização para a realização do presente estudo, sem a qual nada teria sido possível.

Aos Exmos(as). Srs(as). Directores(as) dos Estabelecimentos Prisionais onde o estudo decorreu agradeço a disponibilidade e cordialidade com que nos receberam.

Aos nossos colegas de profissão que tão gentilmente nos acolheram no seu local de trabalho, e tão generosamente partilharam o seu *savoir-faire*, agradeço o contributo determinante para o sucesso deste estudo. Um obrigado muito especial ao Dr. Jorge Monteiro e à Dra. Sofia Canário pela simpatia com que nos receberam e pela forma interessada como abraçaram este projecto.

Ao Prof. Doutor Rui Abrunhosa Gonçalves, ao Dr. Victor Mota, ao Dr. Bernardo Teixeira Coelho e à Prof. Doutora Francisca Fariña agradeço o interesse que demonstraram na realização do presente estudo, a amabilidade com que sempre me receberam, as sugestões e orientações fornecidas e a generosidade com que contribuíram para o estudo, nomeadamente ao nível bibliográfico.

A todos os funcionários dos Estabelecimentos Prisionais visitados, desde os administrativos aos guardas, agradeço a solicitude e amabilidade com que colaboraram com o nosso estudo, a orientação e o apoio disponibilizados.

A todos os reclusos que aceitaram participar no presente estudo agradeço a disponibilidade e simpatia com que o fizeram.

À Dra. Vera Brandão Alves, colega, colaboradora e, acima de tudo, amiga, agradeço o seu decisivo contributo para a realização deste estudo, a amizade, o carinho e sobretudo a paciência que sempre me dedicou, nos piores momentos assim como nos melhores.

Ao Dr. André Bahia, amigo de todas as horas, agradeço o apoio e a confiança incondicionais, bem como o contributo prestado na realização deste estudo, tanto a nível logístico como de incentivo.

À Inspectora Catarina Iria, que me acompanhou ao longo de todo este percurso, sempre presente e disponível, agradeço o companheirismo e amizade: se do curso de mestrado saísse apenas com a sua amizade, já teria valido a pena.

À Arquitecta Maria Manuela Rebocho, a quem tenho o privilégio de chamar mãe... mãe, amiga, companheira, porto seguro no meio deste "mar revolto".

Ao Prof. Doutor José Pedro Sarmento de Rebocho, o melhor irmão, o melhor amigo e o melhor exemplo de empenho, dedicação e sucesso que alguma vez poderia ter desejado, agradeço a sua presença constante na minha vida, o apoio e o afecto incondicionais.

Índice

Introdução 15

PARTE A – TEORIA 19

1. Agressividade, Agressão e Violência 21

2. Violência Sexual e Crimes Sexuais 31
    2.1. Os Crimes Sexuais no Código Penal Português 31
    2.2. Evolução Histórica da Concepção dos Crimes Sexuais 32

3. Violação enquanto Conceito Jurídico 35
    3.1. O Crime de Violação no Código Penal Português 35
        3.1.1. O Tipo Objectivo de Ilícito 36
        3.1.2. As Formas Especiais do Crime 37
        3.1.3. A Pena 37
    3.2. O Crime de Violação em Outros Países Europeus 38

4. Perspectivas Teóricas sobre o Fenómeno da Violação 39
    4.1. *Perspectiva Antropológica* 39
    4.2. *Perspectiva Sociológica* 40
    4.3. *Perspectiva Relacional* 40
    4.4. *Perspectiva Evolucionista* 40
    4.5. *Perspectiva Biológica* 41
    4.6. *Perspectiva Comportamentalista* 41
    4.7. *Perspectiva da Adição* 42
    4.8. *Perspectiva Cognitiva* 42
    4.9. *Perspectiva Psicanalítica* 42
    4.10. *Perspectiva da Psicologia do Ego* 43
    4.11. *Perspectiva Jungiana* 43
    4.12. *Perspectiva de Freund* 44

5. Perspectiva Etiológica da Violação: O Modelo de Marshall 47
    5.1. *Influências Biológicas* 47
    5.2. *Experiências na Infância* 49
    5.3. *Vínculos Paterno-Filiais* 49
    5.4. *Factores Sócio-Culturais* 52
    5.5. *Experiências Juvenis* 52
    5.6. *Desinibição e Oportunidade* 53

6. Tipologias e Taxonomias da Violação 55
    6.1. *Guttmacher e Weihofen* 56
    6.2. *Kopp* 57
    6.3. *Gebhard e colaboradores* 57
    6.4. *Cohen e colaboradores* 57
    6.5. *Rada* 58
    6.6. *Groth* 59
        6.6.1. Violação por Raiva 59
        6.6.2. Violação por Poder 61
        6.6.3. Violação Sádica 64
    6.7. *Knight e Prentky – MTC: R3* 66
        6.7.1. Violação Oportunista (Tipos 1 e 2) 68
        6.7.2. Violação por Raiva Indistinta (Tipo 3) 69
        6.7.3. Violação Sexualizada (Tipos 4, 5, 6 e 7) 69
        6.7.4. Violação Vingativa (Tipos 8 e 9) 72
    6.8. *Hazelwood* 73

PARTE B – PRÁTICA 75

7. Material e Métodos 77
    7.1. *Amostra* 78
        7.1.1. Variáveis Sócio-Demográficas 78
        7.1.2. Contexto Social e Familiar 82
        7.1.3. História Médica 84
        7.1.4. Circunstâncias Envolventes à Data do Crime 86
        7.1.5. Variáveis Jurídico-Penais 88
        7.1.6. Circunstâncias do Crime 89
        7.1.7. Características da Vítima 92
        7.1.8. Perspectivas Futuras 96

7.2. *Materiais* 98
    7.2.1. Entrevista 98
    7.2.2. Instrumentos de Avaliação Psicométrica 99
7.3. *Procedimento* 108
7.4. *Hipóteses* 109

8. Resultados 111
    8.1. *Instrumentos de Avaliação Psicométrica* 111
        8.1.1. Minnesota Multiphasic Personality Inventory 2 (MMPI-2) 111
        8.1.2. Inventário Clínico de Auto-Conceito de Vaz Serra 112
        8.1.3. Escala IPC de Levenson 112
        8.1.4. Inventário de Resolução de Problemas de Vaz Serra 113
        8.1.5. Psychopathy Checklist – Revised (PCL-R) 114
        8.1.6. Sexual Violence Risk – 20 (SVR-20) 114
    8.2. *Análise de Resultados* 115
        8.2.1. Análises Correlacionais 116
    8.3. *Enquadramento Tipológico dos Sujeitos* 121
        8.3.1. Guttmacher e Weihofen 122
        8.3.2. Kopp 122
        8.3.3. Gebhard e colaboradores 122
        8.3.4. Cohen e Seghorn 123
        8.3.5. Rada 123
        8.3.6. Groth 124
        8.3.7. Knight e Prentky – Massachusetts Treatment Center Revised Rapist Typology, Version 3 (MTC: R3) 124
        8.3.8. Hazelwood 125

9. Discussão 127

10. Conclusão 137
Referências Bibliográficas 139

Anexos 141
Anexo 1 – Termo de Consentimento 143
Anexo 2 – Questionário 145

Índice de Tabelas

	Págs.
Tabela 7.01. – Estado Civil	79
Tabela 7.02. – Habilitações Literárias	80
Tabela 7.03. – Habilitações Literárias do Pai	80
Tabela 7.04. – Habilitações Literárias da Mãe	81
Tabela 7.05. – Idade de Início do Percurso Profissional	81
Tabela 7.06. – Caracterização do Meio Social de Origem	82
Tabela 7.07. – Vivência Afectiva/Amorosa	84
Tabela 7.08. – Comportamentos Aditivos	85
Tabela 7.09. – Consumos no Período que Precedeu o Crime	87
Tabela 7.10. – Valorização dos Actos Cometidos	92
Tabela 7.11. – Idade das Vítimas	93
Tabela 7.12. – Número de Vítimas Por Ofensor	94
Tabela 7.13. – Comportamento da Vítima Antes da Prática do Crime Conforme Dados dos Acórdãos	95
Tabela 7.14. – Comportamento da Vítima Antes do Crime Conforme Percepção do Agressor	95
Tabela 7.15. – Previsão de Residência Futura	96
Tabela 7.16. – Previsão de Vida Profissional Futura	97
Tabela 8.01. – Notas T Mínimas, Máximas e Médias obtidas nas Escalas Clínicas e de Conteúdo do MMPI-2	111
Tabela 8.02. – Resultados obtidos no Inventário Clínico de Auto-Conceito de A. Vaz Serra	112
Tabela 8.03. – Resultados obtidos na Escala IPC de Levenson	113
Tabela 8.04. – Resultados obtidos no Inventário de Resolução de Problemas de A. Vaz Serra	113
Tabela 8.05. – Resultados obtidos na Psychopathy Checklist – Revised (PCL-R)	114
Tabela 8.06. – Frequência dos diferentes níveis de Psicopatia conforme avaliados pela Psychopathy Checklist - Revised (PCL-R)	114
Tabela 8.07. – Frequência dos diferentes níveis de Risco de Violência Sexual conforme avaliados pelo Sexual Violence Risk (SVR-20)	115
Tabela 8.08. – Correlações encontradas no grupo das variáveis Sócio-Demográficas	116

Tabela 8.09. – Correlações encontradas no grupo das variáveis relativas ao Contexto Social e Familiar 117

Tabela 8.10. – Correlações encontradas no grupo das variáveis relativas à História Médica 117

Tabela 8.11. – Correlações encontradas no grupo das variáveis relativas às Circunstâncias Envolventes à Data do Crime 118

Tabela 8.12. – Correlações encontradas no grupo das variáveis Jurídico-Penais 118

Tabela 8.13. – Correlações encontradas no grupo das variáveis relativas às Circunstâncias do Crime 119

Tabela 8.14. – Correlações encontradas no grupo das variáveis relativas às Características da Vítima 120

Tabela 8.15. – Correlações encontradas entre os resultados dos instrumentos de avaliação psicométrica 121

Tabela 8.16. – Distribuição dos elementos da amostra de acordo com a tipologia de Guttmacher e Weihofen 122

Tabela 8.17. – Distribuição dos elementos da amostra de acordo com a tipologia de Kopp 122

Tabela 8.18. – Distribuição dos elementos da amostra de acordo com a tipologia de Gebhard e colaboradores 123

Tabela 8.19. – Distribuição dos elementos da amostra de acordo com a tipologia de Cohen e Seghorn 123

Tabela 8.20. – Distribuição dos elementos da amostra de acordo com a tipologia de Rada 124

Tabela 8.21. – Distribuição dos elementos da amostra de acordo com a tipologia de Groth 124

Tabela 8.22. – Distribuição dos elementos da amostra de acordo com a tipologia de Knight e Prentky 125

Tabela 8.23. – Distribuição dos elementos da amostra de acordo com a tipologia de Hazelwood 125

Índice de Figuras

Págs.

Figura 7.01. – Histograma das Idades 79

Introdução

Desde há cerca de quinze anos a esta parte tem vindo a operar-se o que podemos considerar uma "revolução" na compreensão da verdadeira natureza e extensão do fenómeno da criminalidade sexual por parte da sociedade em geral. A ignorância, descrença, negação e minimização dão gradualmente lugar ao espanto, choque, raiva, fúria e a uma exigência de vingança e de que algo seja feito para proteger o público em geral (Briggs, D., Doyle, P., Gooch, T., & Kennington, R., 1998). Flora (2001) salienta que, embora o crime sexual já não seja minimizado, o trabalho com os ofensores sexuais constitui ainda uma ciência relativamente recente, que começa agora a atrair a atenção pública.

O aprofundar do conhecimento acerca dos ofensores sexuais é uma crescente necessidade, uma vez que, como sublinha Flora (2001), se trata de uma população cada vez mais visível e mais numerosa, e que aumentou em 330 por cento desde 1980 (dados relativos aos Estados Unidos da América). Este aumento torna-se ainda mais preocupante se tivermos em consideração que cada indivíduo pode cometer múltiplas ofensas, em diferentes ocasiões, colocando assim importantes questões relativas à segurança da comunidade e à protecção de eventuais futuras vítimas.

As Estatísticas da Justiça (Ministério da Justiça, 2004) relativas aos crimes registados em Portugal pela Polícia Judiciária, Polícia de Segurança Pública e Guarda Nacional Republicana dão conta de um total de 1965 crimes contra a liberdade e autodeterminação sexual no passado ano de 2003, contra 1623 registados em 2002, 1360 em 2001 e 1238 no ano 2000. O crime de violação representa cerca de 20% dos crimes sexuais registados em 2003, contra os 30% registados em 2000; em termos absolutos, os números referentes às violações registadas mantêm-se mais ou menos constantes, oscilando entre as 349 registadas em 2001 e as 404 em 1998 e em 2002; em 2003, foram registadas 391 ocorrências.

Embora distantes de realidades como a dos EUA, onde no ano de 1991 se registaram 700,000 violações, e onde entre 12.7% e 24% da população feminina foi violada (Salter, 2003), os nossos números não deixam de ser alarmantes e de chamar a atenção para a necessidade de estruturar e implementar estratégias eficazes de prevenção deste fenómeno. Tal só pode ser possível, do nosso ponto de vista, se detivermos um profundo conhecimento e compreensão do ofensor com que nos deparamos, nas suas diversas facetas e em toda a sua complexidade.

Urge também desmistificar a figura do "violador" do "folclore popular", o indivíduo solitário, visivelmente demente, que surge das sombras de um beco deserto e mal iluminado para atacar a jovem e atraente vítima que se aventura sozinha pelas ruas. Estudos recentes demonstram que os crimes de violação ocorrem quando as vítimas menos esperam, e são cometidos por aqueles de quem menos se suspeitaria. De acordo com Salter (2003), os dados estatísticos disponíveis nos EUA sugerem que o local menos seguro para uma mulher, exceptuando as ruas e os parques de estacionamento, é a própria casa; a mesma fonte considera que a companhia dos amigos, conhecidos e familiares é menos segura do que a dos estranhos. De facto, as estatísticas do Bureau of Justice referem que apenas um terço das vítimas de violação (na forma tentada ou consumada) são atacadas por estranhos. Outros estudos demonstraram já que o aspecto físico e a idade das vítimas pouco têm a ver com a motivação do criminoso. Estes dados levam-nos a reflectir acerca da (im)previsibilidade da ocorrência da ofensa e da identidade do ofensor, suscitando o desejo e a necessidade de conhecer melhor o seu funcionamento psíquico, o seu pensamento e as suas motivações, de forma a viabilizar a implementação de procedimentos eficazes de prevenção, detecção e reabilitação.

Com este objectivo em mente, iniciamos o presente estudo com uma revisão teórica, partindo dos conceitos de agressividade, agressão e violência, basilares ao tema da violação, passando pela definição jurídica do crime de violação e culminando com os contributos das ciências sociais e humanas em geral, e da psicologia em particular. Assim, das perspectivas estritamente teóricas, como é o caso das teorias psicanalíticas, aos modelos mais operacionais, derivados da prática clínica e forense, como as tipologias de Groth ou de Knight e Prentky, por exemplo, ou ainda o modelo etiológico de Marshall, diversos pontos de vista são contemplados e, posteriormente, integrados (sempre que possível) na interpretação dos dados recolhidos junto da nossa amostra.

PARTE A

TEORIA

1.
Agressividade, Agressão e Violência

Desde há muito que numerosos autores, entre os quais Lorenz (1963), Eibl-Eibesfeldt (1993, cit. in Sanmartín, 2004) e Sanmartín (2002), concebem a agressividade como um instinto e, por conseguinte, um traço resultante da selecção natural, que incrementa a eficácia biológica do seu portador. Como é sabido, a agressividade pode ocorrer entre espécies distintas, relacionada essencialmente com a alimentação, ou dentro de uma mesma espécie, assumindo neste caso um carácter ofensivo ou defensivo. Dado que o facto de um animal matar outro de outra espécie para se alimentar constitui um comportamento não só normal como adaptativo, muitos autores consideram que a agressividade predatória não deve ser encarada como agressividade (Sanmartín, 2004); o facto de um animal ser agressivo para com outro da sua própria espécie, em contrapartida, comporta já uma carga negativa. Por esta razão, de acordo com Sanmartín (2004) os estudos sobre a agressividade têm-se centrado sobre a agressividade intraespecífica.

Acerca da agressividade intraespecífica, Sanmartín (2004) salienta que este traço não foi seleccionado pela Natureza de forma isolada, mas sim em conjunto com uma série de elementos que permitem a sua regulação e/ou inibição dentro do grupo. Entre os animais não humanos parece existir sempre um delicado equilíbrio entre o despoletar da agressividade e a sua inibição: os inibidores actuam no momento oportuno, impedindo que o ataque à integridade física do outro possa vir a resultar na sua morte. Deste modo, a agressividade permite que o indivíduo incremente a sua eficácia biológica sem que o grupo de pertença corra riscos, uma vez que, caso o grupo perca membros devido a lutas internas, pode ver-se reduzido a um número limitado que comprometa a sua viabilidade.

Entre os seres humanos também existem inibidores da agressividade: desde Darwin (1872, cit. in Sanmartín, 2004) que são aceites como tal as expressões emocionais e, em particular, a expressão facial do medo. Contudo, a agressividade entre seres humanos é passível de se descontrolar, daí que esta muitas vezes se traduza em atentados contra a integridade física ou psíquica do outro, resultando por vezes na sua morte.

Roure e Duizabo (2003) salientam que embora a agressividade, a violência e a perigosidade se situem num continuum, a sua distinção conceptual se reveste de grande importância: assim, se a agressividade dá lugar à perigosidade, esta não culmina necessariamente em delinquência. Face às pressões e restrições exercidas directa ou indirectamente por meio de leis, normas e regulamentos, pela educação e sobretudo pela moral, o indivíduo é chamado a utilizar as suas capacidades de controlo e de discernimento, cuja deficiência ou deterioração podem permitir o aparecimento de comportamentos violentos.

Para os mesmos autores, a violência corresponde à exteriorização do estado interior de um indivíduo em sequência de uma disfunção do controlo emocional e do discernimento, associada a dificuldades de adaptação e traduzida num comportamento agressivo. O estado mental do sujeito pode ser influenciado por uma patologia deficitária, produtiva ou por um sentimento de medo, honra, vingança, entre outros (Roure & Duizabo, 2003). Para Sanmartín (2004, p. 22), a violência mais não é que "agressividade fora do controlo, um descontrolo que se traduz numa agressividade hipertrofiada".

O comportamento agressivo constitui, com frequência, uma resposta inadaptada a uma comunicação impossível: o restabelecimento do diálogo passa por uma melhor qualidade de escuta dos cuidadores ao longo de uma formação adequada e, por vezes, por um controlo medicamentoso, que se pode revelar incontornável. Pode, por conseguinte, estabelecer-se um paralelo entre a violência e uma regressão psicossocial a um nível arcaico, libertadora da agressividade fundamental do sujeito. A violência em geral pode ser encarada quer como um sintoma de disfunção pessoal e relacional, quer como um delito (Roure & Duizabo, 2003).

Os mecanismos que convertem a agressividade em violência têm, segundo Sanmartín (2004), constituído um ponto de discórdia e oposição entre duas correntes: o biologismo e o ambientalismo. De facto, enquanto os biologistas defendem um determinismo biológico ou genético da violência, os ambientalistas atribuem-lhe uma origem social ou cultural. Entre estes extremos situa-se uma terceira posição, o chamado interaccionismo, de acordo com o qual a violência constitui uma alteração da agressividade natural (concebida como um instinto), que se pode produzir por acção de factores biológicos e/ou ambientais. O mesmo autor salienta que a maioria dos estudos realizados neste âmbito estimam em cerca de 20% os casos de violência devidos à influência directa de factores biológicos, sendo os restantes 80% causados por factores ambientais; por outro lado, há que considerar que todos os factores de ordem biológica ou ambiental que originam a violência, o fazem actuando sobre a agressividade e, por conseguinte, sobre um traço de carácter hereditário.

De acordo com Roure e Duizabo (2003), Debuyst distingue a agressividade, enquanto disposição essencial do ser humano, da agressão, que comporta a passagem ao acto, e da violência, associada ao abuso da força. Diversos autores consideram que a agressividade constitui um traço fundamental da personalidade, dando origem a condutas construtivas e integradas na vida em sociedade. Scharfetter (1997) descreve a agressividade como uma parte essencial do comportamento comum, necessária à preservação do indivíduo e da espécie, uma disponibilidade para acometer energicamente contra pessoas e coisas, para uma afirmação genérica no mundo, para ter êxito na vida, para conseguir uma conquista e domínio das possibilidades, tarefas e obstáculos que vão surgindo. Roure e Duizabo (2003) consideram impossível a sobrevivência de um ser privado de toda a agressividade; a agressividade é fisiologicamente necessária à salvaguarda dos interesses e ao desenvolvimento da personalidade do indivíduo. Os mesmos autores sublinham a afirmação de Simmons: "a agressividade é a base construtiva de toda a actividade; todas as realizações dignas do homem, seja na arte, seja na indústria, só foram possíveis aproveitando os impulsos agressivos como força motriz".

Roure e Duizabo (2003) apoiam a concepção de Michaux, segundo a qual, à semelhança de todas as tendências afectivas, a agressividade pode ser contida ou modificada por um de três processos: a *repressão*, resultante do medo das sanções, do desenvolvimento da personalidade moral, que pode estar na origem de afecções psicossomáticas, tais como a hipertensão arterial, ou de comportamentos como os tiques, a enurese ou o onanismo; a *derivação* ou deslocação para actividades lúdicas, militares ou de competição desportiva; ou a *sublimação* através de aspirações místicas, altruístas, artísticas ou sentimentais.

Para alguns autores a agressividade reflecte uma tendência de auto-afirmação, permitindo ao organismo utilizar aqueles que o rodeiam para a satisfação das suas necessidades essenciais, correspondendo assim a um instinto fundamental. Outros autores consideram que o termo "agressividade" deve ser aplicado apenas aos actos com carácter hostil, destrutivo, anti-social.

Segundo Roure e Duizabo (2003) convém distinguir a agressividade constitucional da agressividade acidental. A primeira constitui uma tendência afectiva própria de certas personalidades patológicas e cujo ponto de partida será um sentimento pessoal de inferioridade, segundo Adler, ou de injustiça, segundo De Greef. Pode ser constitucional, enquanto manifestação de um temperamento violento e impulsivo, originando condutas de compensação ou de protesto. Este tipo de agressividade encontra-se em casos de sequelas de afecções encefalomeníngeas e de traumatismos cranianos, nas impregnações tóxicas agudas, nas perturbações do humor, podendo desencadear descargas agressivas, e nas psicoses.

Relativamente à agressividade dita acidental, reactiva a incidentes isolados, Roure e Duizabo (2003) salientam que se trata da libertação de um processo normal, até então bem controlado, sob influência de factores circunstanciais (o exemplo dado é o das situações pré-criminais específicas, que despoletam mecanismos biopsicológicos bem conhecidos, como o medo ou a cólera); sublinham ainda a importância do uso de substâncias tóxicas, nomeadamente do álcool, na passagem ao acto. Esta noção de agressividade acidental é, para estes autores (2003), sobreponível à noção de agressão.

"Não existe agressividade sem ameaça de agressão, enquanto existem agressões que não requerem agressividade" (Roure & Duizabo, 2003, p. 16). Os mesmos autores destacam a definição de Heuyer, segundo a qual a agressividade "é a tendência do sujeito para atacar um outro indivíduo ou grupo de indivíduos, quaisquer que sejam os motivos e os resultados do ataque", e à qual Michaux acrescenta "qualquer que seja a forma, brutal ou insidiosa, directa ou indirecta, de ataque". Face ao exposto, conclui-se que a agressividade é dominada, por um lado, pelo ataque, enquanto tendência virtual ou resultado, e por outro, pela agressão, a acção propriamente dita.

Scharfetter (1997, p. 281) define agressão, num sentido lato, como o acto de "acometer alguém, ou algo, uma aproximação a pessoas ou coisas, que se rodeia de uma determinada energia e intencionalidade", e num sentido mais restrito, mais adequado a contextos etológicos, psicopatológicos e forenses, como "o comportamento que visa a expulsão, a ofensa, desvalorização, exploração, bem como o estragar, ferir ou matar um ser humano, um animal ou uma coisa". O mesmo autor destaca como afectos associados ao comportamento agressivo a fúria, a ira e o aborrecimento, mas também o medo, a alegria, a cobiça e a exigência; a esta lista, acrescentamos ainda o ódio.

Para uma melhor compreensão do vasto espectro da agressão, Scharfetter (1997) classifica-a em categorias dicotómicas: activa *vs* passiva, acção *vs* omissão (negligência), física *vs* não física (verbal, não verbal), consciente *vs* inconsciente, propositada *vs* não propositada, séria *vs* lúdica (tentativa, experimental), directa *vs* indirecta, aberta *vs* dissimulada, espontânea *vs* reactiva, defensiva *vs* ofensiva, contra pessoas *vs* contra coisas (como substitutas), contra outros *vs* contra si próprio, afectiva (expressiva) *vs* instrumental (pragmática), única *vs* mista (e.g.: com sexualidade), aceite socialmente *vs* sancionada (jurídica, ética ou moralmente) ou patológica.

Para Roure e Duizabo (2003) existem duas formas de agressividade: a auto-agressividade e a hetero-agressividade. A auto-agressividade representa, para muitos psicanalistas, a expansão compensatória de uma hetero-agressividade contida pelo sentimento de fraqueza face ao outro. Encontra a sua expressão não apenas em tentativas de suicídio mas também em auto-mutilações, mortificações físicas (anorexia mental) ou morais (auto-humilhação). A hetero-agressividade, por seu lado, apresenta-se sob múltiplas formas: na forma física corresponde às tentativas de homicídio, às ofensas corporais, à contaminação venérea voluntária... Existe uma agressividade sexual que, na sua forma conceptual, pode ser directa ou indirecta, sendo frequentemente insidiosa. A modalidade está relacionada com o tipo caracterial do agressor. Este tipo de agressividade pode constituir uma tendência permanente ou paroxística, podendo ser totalmente inconsciente e amnésica ou, pelo contrário, consciente, organizada e mnésica.

A agressividade deu lugar a numerosas concepções e teorias. Scharfetter (1997) realça dois conceitos alternativos: a agressão enquanto instinto inato *vs* a agressão adquirida, reactiva. A primeira tese é defendida pela escola de Lorenz (1963 cit. in Scharfetter, 1997) e pela psicanálise, entre outros. Roure e Duizabo (2003) consideram particularmente interessantes quatro posições teóricas de orientação psicanalítica. Assim, numa primeira abordagem, a agressividade aparece como expressão de um instinto especial, o instinto da agressividade, instinto este que não é inibido nem sublimado, tal como acontece com as crianças pequenas. Segundo Adler, a agressividade situar-se-ia entre as reacções de compensação ao complexo de inferioridade; Jung, por seu lado, encara a agressividade como "uma revivescência do arquétipo". Por fim, uma quarta abordagem caracteriza a agressividade como uma consequência de uma frustração física ou afectiva, cujo grau varia de acordo com a idade e a personalidade do sujeito em questão.

O modelo de estímulo-reacção adaptado às questões da agressividade defende que esta seria adquirida e funcionaria como reacção, sendo incorrecto falar de um instinto de agressão. As agressões seriam despoletadas pela aprendizagem, pela experiência e como reacção a frustrações, repressão e, sobretudo, a agressões. Partindo do ponto de vista psicosociogénetico e interpretando a agressão à luz das teorias da aprendizagem, os teóricos desta escola argumentam a favor da existência de um potencial base de apetência para a agressão, típico do ser humano e cuja concretização depende em grande parte dos condicionalismos do meio ambiente. A agressividade encontra--se subjacente ao comportamento humano, definindo-o em muitos aspectos, nomeadamente ao nível do comportamento instintivo: a agressão pode, em parte, determinar e formar as acções instintivas (Scharfetter, 1997).

Outro modelo frequentemente utilizado na explicação do comportamento anti-social e criminoso é o chamado modelo da "frustração-agressão". As primeiras elaborações teóricas nesta linha de pensamento datam de 1939, com a obra "Frustration and Agression" de Dollard, Doob, Miller e Sears, defendendo os autores que a hipótese da frustração-agressão poderia explicar a maioria dos factos relacionados com o comportamento anti-social. Tal hipótese partia de diversas premissas, a primeira das quais que qualquer agressão é sempre uma consequência de uma frustração, e que qualquer frustração precede sempre um comportamento agressivo. Por frustração entende-se toda e qualquer interferência que interrompe um comportamento direccionado para um objectivo valorizado pelo sujeito, e por agressão, o comportamento orientado para ofender uma ou mais pessoas. Uma segunda premissa postula que a força instigadora da agressão aumenta com o aumento da instigação para a resposta frustrada, com o grau de interferência com a resposta frustrada e com o número de frustrações. Já a força de inibição do acto agressivo, por seu lado, é tanto maior quanto maior é a quantidade de punições que o sujeito antecipa como consequência desse mesmo acto. A quarta e quinta premissas dizem respeito ao agente causador da frustração: consideram os autores que, quando o sujeito se encontra perante o agente a que é atribuída a responsabilidade da frustração, a instigação para a agressão aumenta. Por outro lado, quanto maior for a inibição que o sujeito sofre perante esse mesmo agente, maior a probabilidade de surgirem agressões indirectas ou mecanismos de deslocamento da agressão. Por fim, a sexta premissa afirma que, após a ocorrência de um acto agressivo e mediante um processo catártico, se dá uma redução temporária da instigação para agredir (Gonçalves, 2000).

Em 1962, Berkowitz actualizou esta conceptualização, afastando-a das suas raízes psicanalíticas clássicas e aproximando-a da teoria da aprendizagem social. O contributo fundamental deste autor residiu na distinção entre agressão instrumental e agressão colérica. Assim, a agressão instrumental está direccionada para um determinado objectivo e não envolve danos ou lesões a terceiros, enquanto a agressão colérica consiste na resposta a uma frustração específica e tem por objectivo causar danos a alguém, nomeadamente ao agente responsável pela frustração; a agressão colérica é um processo essencialmente emocional, em que a predisposição para a agressão resulta de uma frustração, que vai activar sentimentos de cólera, a agressão instrumental rege-se pelos princípios do condicionamento operante, dependendo dos reforços e/ou punições que o sujeito antecipa num processo de racionalização de custos e benefícios. De acordo com esta teorização, a personalidade agressiva caracteriza-se pelo elevado número e variedade de situações percebidas como ameaçadoras ou activadoras de sentimentos de cólera, pelo elevado nível de activação emocional e fisiológica e pelas cognições favoráveis ao uso da violência. O sucesso desta cristalização agressiva está intimamente relacionado com o elevado número de modalidades do comportamento agressivo que tenham sido objecto de reforço, por oposição à menor disponibilidade para adoptar respostas alternativas de carácter não agressivo (Gonçalves, 2000).

Vinte anos após as elaborações de Berkowitz, Megargee (1982 cit. in Gonçalves, 2000) procedeu a uma sistematização e enquadramento do modelo da frustração-agressão, agrupando as variáveis associadas à violência criminal em cinco categorias. A primeira grande categoria, a da instigação para a agressão (A), resulta do somatório de todas as motivações inerentes ao próprio indivíduo que o conduzem ao comportamento agressivo. A categoria da força dos hábitos (H) diz respeito às preferências adquiridas pelo sujeito mediante a experiência e observação de atitudes e actos agressivos que foram objecto de recompensa. Uma terceira categoria, denominada inibições contra a agressão (I) corresponde ao somatório de todos os factores individuais que se opõem à adopção de um comportamento agressivo, enquanto a quarta engloba os factores situacionais imediatos facilitadores/activadores (Sa) ou inibidores (Si) do comportamento violento. A quinta categoria, respostas competitivas, concerne a existência de outras respostas alternativas que o sujeito pondere serem potencialmente mais favoráveis, em termos de custos e benefícios, do que a resposta agressiva. É possível, na perspectiva de Megargee (1982 cit. in Gonçalves, 2000), elaborar como que uma "fórmula matemática" para os comportamentos agressivos: $A+H+Sa>I+Si$, ou seja, o comportamento agressivo ocorre quando as forças motivadoras superam as inibidoras.

Conceitos como agressividade, agressão e violência, pela sua relevância e complexidade, têm dado lugar a diversas reflexões e conceptualizações teóricas. Ao quadrante inatista, biologista, opõe-se a perspectiva comportamentalista, apologista do carácter aprendido do comportamento agressivo; entre estes quadros teóricos opostos, surgem diversas propostas intermédias, integrativas. Embora não exista um consenso, actualmente considera-se que o comportamento agressivo resulta da conjunção de diversos factores, tanto de origem constitucional como ambiental.

Procurámos neste capítulo enumerar as principais questões associadas à interacção entre tais conceitos, passando em revista os diversos contributos teóricos. Em termos gerais e, mais especificamente, no que concerne a agressão ou a violência sexual, conceitos fulcrais para a elaboração do presente estudo, assumimos uma postura essencialmente integracionista. Na nossa perspectiva, o substrato biológico e instintivo da agressividade constitui uma realidade incontestável, tanto no mundo animal como nos seres humanos. Contudo, o comportamento agressivo não pode ser atribuído apenas aos aspectos biológicos: fazê-lo seria reduzir o ser humano ao seu mais primitivo, privando-o da racionalidade que o distingue dos restantes animais. Esta privação da razão, sob determinismo biológico, permite também uma desresponsabilização do sujeito, uma minimização da sua capacidade de decisão e do seu papel activo no seu próprio comportamento agressivo.

Acreditamos que, embora exista uma base biológica para o comportamento agressivo, a expressão diferencial da agressividade se deve à diversidade de experiências e aprendizagens ao longo da vida de cada indivíduo. Assim, embora todos os seres humanos possuam, em maior ou menor grau, uma predisposição biológica para agredir, a forma como tal predisposição se vai co-substanciar e traduzir em termos comportamentais depende da vivência e das aprendizagens de cada indivíduo. Só assim se explicam, em nossa opinião, as diferenças individuais na vivência e expressão da agressividade.

Tais diferenças revestem-se de particular importância na compreensão do fenómeno da criminalidade sexual em geral, e da violação em particular. Tal como a agressividade, também a sexualidade parte de um substrato biológico e sofre a influência decisiva das experiências de vida e das aprendizagens individuais. A associação entre estas duas esferas do comportamento humano é, desde logo, inegável, tanto mais que partilham as mesmas estruturas cerebrais e neuronais. As proporções de tal associação, a forma como esta se processa, não tanto do ponto de vista biológico mas mais ao nível psicológico, subjectivo e, sobretudo, a forma como esta se manifesta em termos comportamentais, vão influenciar de forma determinante a conduta do indivíduo, nomeadamente a sua conduta criminal. O agressor sexual, neste caso, o violador, de acordo com a nossa perspectiva, vivencia de forma particularmente marcada a associação sexualidade-agressividade, expressando uma por meio da outra, numa fusão de sensações e difusão de limites entre ambas. Esta fusão é completa no caso dos violadores do tipo sádico, para os quais ambas as esferas são indissociáveis.

2.
Violência Sexual e Crimes Sexuais

2.1. Os Crimes Sexuais no Código Penal Português

A Reforma de 1995 do Código Penal fez dos chamados Crimes Sexuais autênticos e exclusivos crimes contra as pessoas e contra um valor estritamente individual – a liberdade de determinação sexual. Assim, estes crimes deixam de ser considerados crimes atentatórios dos "fundamentos ético-sociais da vida social", associados aos "sentimentos gerais de moralidade sexual", iluminados por bens jurídicos supra-individuais, da comunidade ou do Estado. Apesar de apresentar uma concepção aparentemente unitária destes crimes, a Reforma de 1995 dividiu o capítulo em três secções: uma que designou de crimes contra a liberdade sexual, outra denominada de crimes contra a autodeterminação sexual, e outra que contém as disposições comuns às duas anteriores (Dias, 1999).

As duas primeiras secções deste capítulo encontram-se indubitavelmente associadas, uma vez que em ambas estão em causa bens jurídicos relacionados com a esfera sexual da pessoa. Interpretando literalmente as expressões utilizadas pelo legislador, poderia pensar-se que na primeira secção o bem jurídico protegido é a liberdade sexual, no segundo autodeterminação sexual e, seguindo o mesmo raciocínio, procurar traçar uma hipotética linha de fronteira entre liberdade e autodeterminação. Tal interpretação seria, porém, apressada e equívoca; na realidade, a razão de ser da distinção é a de que a Secção I protege a liberdade e/ou autodeterminação sexual de todas as pessoas, sem fazer acepção de idade, enquanto a Secção II estende essa protecção a casos que não seriam crime se praticados entre adultos, ou o seriam dentro de limites menos amplos, ou assumiriam menor gravidade. Esta extensão deve-se ao facto de a vítima ser uma criança, ou um menor de certa idade. Conclui-se assim que na Secção II o bem jurídico protegido é, tal como na Secção I, a liberdade e autodeterminação sexual, mas associado a um outro, o do livre desenvolvimento da personalidade do menor na esfera sexual (Dias, 1999).

2.2. Evolução Histórica da Concepção dos Crimes Sexuais

O capítulo dos crimes contra a liberdade e autodeterminação sexual do Código Penal Português, acima descrito de forma sumária, é dominado pela proposição político-criminal segundo a qual a actividade sexual praticada em privado por adultos que nela consentem não constitui, em caso algum, crime. Dias (1999) considera que esta proposição político-criminal é própria de um Estado de Direito democrático, laico e pluralista, e surge como consequência da concepção de um direito penal cuja função exclusiva é a protecção subsidiária de bens jurídicos, culminando assim uma complexa e intranquila evolução histórica, moral e social.

O mesmo autor situa o ponto de partida de tal evolução na concepção individualista do Direito Romano, em que a intervenção estadual na matéria dos Crimes Sexuais se fazia fundamentalmente em vista da pureza de costumes daqueles submetidos à *pátria postestas*, e a intervenção penal se limitava aos crimes de *incestus*, *lenocinium*, *adulterium* e *stuprum*. Posteriormente, passou-se do individualismo a uma mundividência estreitamente ligada à do Direito Canónico, que levava à punição de princípio de toda e qualquer actividade sexual extra-matrimonial ou "contra o pudor", os chamados "crimes morais".

A partir do século XVIII, sob a influência da ideologia Iluminista, desenvolveu-se a ideia de que estes crimes deviam ser postos em conexão com a liberdade sexual das pessoas, de forma a alargar o âmbito da criminalização às actividades consideradas contra os bons costumes ou a honestidade, isto é, contra a "moralidade sexual" vigente em cada momento e lugar. Com a década de 60 do século XX deu-se uma modificação radical neste ponto de vista, reafirmando-se a tutela subsidiária de bens jurídicos como função exclusiva do direito penal e assinalando-se a falta de legitimação da intervenção penal para tutela da moral ou de uma qualquer moral. Por outro lado, a profunda transformação dos costumes sexuais que ocorreu nessa altura, bem como as suas repercussões no livre desenvolvimento da personalidade, tiveram que ser tomadas em consideração. Por fim, ao colocar a protecção da pessoa e da sua livre realização como núcleo primordial de toda a actividade do Estado de Direito, alcança-se a justificação da proposição político-criminal que domina o capítulo dos crimes contra a liberdade e autodeterminação sexual do Código Penal Português (Dias, 1999).

3.
Violação enquanto Conceito Jurídico

3.1. O Crime de Violação no Código Penal Português

Apenas recentemente se abandonou a definição de violação como "o crime de praticar cópula ilícita com qualquer mulher contra a sua vontade, por meio de violência física, veemente intimidação, ou de qualquer fraude que não constitua sedução ou encontrando-se a mulher privada do uso da razão ou dos sentidos" (Gomes, 2004, p. 183). Esta definição, amplamente difundida pelas diversas legislações, presente nomeadamente no Código Penal português de 1982, apresenta importantes limitações, como nos diz Gomes (2004), quer ao nível do que deve ser considerado como acto sexual, quer em relação aos meios de coacção e constrangimento passíveis de serem empregues pelo agressor sexual. Assim, no artigo 201º do Código Penal português de 1982, relativo ao crime de violação, pode ler-se: "1. Quem tiver cópula com mulher, por meio de violência, grave ameaça ou, depois de, para realizar a cópula, a ter tornado inconsciente ou posto na impossibilidade de resistir ou ainda, pelos mesmos meios, a constranger a ter cópula com terceiro, será punido com prisão de dois a sete anos. 2. Na mesma pena incorre quem, independentemente dos meios empregados, tiver cópula ou acto análogo com menor de doze anos ou favorecer estes actos com terceiro. 3. No caso do n.º 1 deste artigo, se a vítima, através do seu comportamento ou da sua especial ligação com o agente, tiver contribuído de forma sensível para o facto, será a pena especialmente atenuada."

Em boa medida graças aos esforços de organizações de mulheres e dos movimentos feministas, a última década foi marcada pela modificação dos contextos judiciais, procedendo-se a uma aproximação dos conceitos legais da realidade dos factos (Allen Gomes, 2004). A revisão do Código Penal português, em 1998, introduziu alterações significativas no que concerne à violação, tipificada no artigo 164º. Assim, na primeira alínea, alargou-se o espectro de actos sexuais que constituem violação: "Quem, por meio de violência, ameaça grave, ou depois de, para esse fim, a ter tornado inconsciente ou posto na impossibilidade de resistir, constranger outra pessoa a sofrer ou a praticar, consigo ou com outrem, cópula, coito anal ou coito oral é punido com pena de prisão de 3 a 10 anos", enquanto a segunda alínea passou a prever novas formas de constrangimento: "Quem, abusando de autoridade resultante de uma relação de dependência hierárquica, económica ou de trabalho, constranger outra pessoa, por meio de ordem ou ameaça não compreendida no número anterior, a sofrer ou a praticar cópula, coito anal ou coito oral, consigo ou com outrem, é punido com pena de prisão até 3 anos".

3.1.1. O Tipo Objectivo de Ilícito

O tipo objectivo de ilícito consiste em o agente constranger outra pessoa a sofrer ou a praticar, consigo ou com outrem, cópula, coito anal ou coito oral, por meio de violência, ameaça grave, ou depois de, para esse fim, a ter tornado inconsciente ou posto na impossibilidade de resistir. O conteúdo da acção é, desde logo, a cópula, entendida como a penetração da vagina pelo pénis, não incluindo, pois, a chamada "cópula vestibular ou vulvar". À cópula são equiparados tipicamente, para efeitos do crime de violação, o coito oral e o coito anal, consistindo o primeiro na penetração da boca e o segundo na penetração do ânus pelo pénis. Vítima deste crime pode ser tanto um homem como uma mulher e, embora a natureza do acto exigido implique sempre a intervenção de um homem, também o agente pode ser, sob qualquer forma de comparticipação, uma pessoa de qualquer sexo – "consigo ou com outrem" (Dias, 1999).

Uma questão que merece especial atenção é a do assentimento. De facto, pode verificar-se que a vítima, após ter oposto resistência aos meios de coacção, cesse essa mesma resistência no momento da cópula ou durante esta; ou ainda que, após ter assentido nas manobras prévias de coacção ou mesmo na prática de actos sexuais preliminares da cópula ou do coito, não consinta nestes. Em ambos os casos deve considerar-se que o assentimento (parcial) da vítima não exclui a tipicidade da violação, embora possa ser relevante para a aferição do dolo, para a comprovação do erro ou para efeitos da medida da pena (Dias, 1999).

3.1.2. As Formas Especiais do Crime

No que concerne à tentativa, é importante sublinhar que, numa substancial parte dos casos em que a violação não é consumada, o agente é punível pelo artigo 163º (coacção sexual) se, na execução da tentativa, tiver cometido actos sexuais de relevo, ainda que a tentativa de violação possa encontrar-se a coberto da impunibilidade por desistência. Tal não significa que, entre a tentativa de violação e a coacção sexual exista uma relação de concurso efectivo, mas sim de concurso legal, restando saber se o agente deve ser punido por aquela tentativa ou pela coacção sexual consumada. Dado que a tentativa de violação é, em abstracto, menos punida que a coacção sexual consumada, e que o crime de coacção sexual funciona nesta hipótese como tipo fundamental, não existem razões para que se dê prevalência ao crime de violação, devendo, em princípio, o agente ser punido pela coacção sexual consumada, ainda que seja acordada uma desistência da tentativa relativamente à violação. Caso exista uma pluralidade de vítimas passíveis do mesmo acto de coacção, uma das quais sofra actos sexuais de relevo e outra(s) sofra(m) cópula ou coito oral ou anal, o agente deve ser punido por concurso efectivo dos crimes dos artigos 163º-1 e 164º-1 (Dias, 1999).

3.1.3. A Pena

Dias (1999) afirma que, em retrospectiva, é notório um sensível agravamento das penas aplicadas ao crime de violação desde o Código Penal de 1982, agravamento este resultante não só da deslocação deste crime do âmbito dos crimes contra a honestidade para o dos crimes graves contra a liberdade e autodeterminação sexual, como também do entendimento da Reforma de 1995 de consagrar punições mais graves da generalidade dos crimes contra as pessoas.

3.2. O Crime de Violação em Outros Países Europeus

Outros países definem de forma diversa o crime de violação: o Código Penal espanhol (cit. in Barra da Costa, 2003, p. 33) considera que "comete violação quem tiver relação física com outra pessoa, seja por via vaginal, anal ou oral, se usar força ou intimidação, quando a outra pessoa se encontra privada dos seus sentidos ou em estado de alienação, ou quando for menor de 12 anos". Em França não existe uma definição clara do que deve ser entendido como violação, correspondendo esta às "penas criminais aplicadas a quem possui mulher virgem ou desflorada sem o seu consentimento" (Barra da Costa, 2003, p. 33); em Inglaterra a definição vigente é a de cópula ilícita sem consentimento, por meio de força ou de engano, e em Itália considera-se violação a partir da conjugação carnal praticada com violência ou ameaça (Pinto da Costa, 1985 cit. in Barra da Costa, 2004).

A definição do crime de violação presente no Código Penal Português afigura-se-nos clara e concisa, contemplando um espectro considerável de actos, sobretudo quando comparada com algumas das definições supra citadas, menos precisas e mais limitativas. Outras definições existem, como é sabido, nomeadamente na legislação americana, que abrangem um conjunto muito mais lato de actos de natureza sexual susceptíveis de serem considerados violação. Em suma, pode dizer-se que, apesar das diferenças encontradas, subjaz a todas as definições um traço comum e fundamental: o da violência não consentida.

4.

Perspectivas Teóricas sobre o Fenómeno da Violação

Para além da dimensão jurídico-penal, a violação reveste-se de elevada complexidade, nomeadamente a nível psicológico e social. De facto, a aparente objectividade emprestada a este fenómeno pela terminologia jurídica revela-se ilusória face a uma reflexão mais aprofundada acerca das dinâmicas do crime praticado e da vivência subjectiva do seu autor. Num esforço mais ou menos constante no sentido de clarificar tais dinâmicas, em suma, a base biopsicossocial que está subjacente à prática da violação, têm, ao longo dos anos, surgido diversos contributos teóricos, oriundos dos mais variados quadrantes ideológicos. Este capítulo segue, parcialmente, as sugestões de Flora (2001) relativas a esta temática.

4.1. Perspectiva Antropológica

A perspectiva antropológica considera que, no presente como em todas as etapas das evolução da humanidade, cabe a cada cultura designar quais os comportamentos considerados sexualmente apropriados ou desviantes. Não existe nenhum comportamento sexual conhecido que não tenha sido adoptado por alguma cultura em algum momento da História e, mesmo na actualidade, a diversidade geográfica é grande: na Austrália algumas tribos aprovam as relações homossexuais entre adultos e crianças do sexo masculino; na Nova Guiné são permitidas cerimónias que envolvem condutas homossexuais, assim como casamentos com noivas pré-adolescentes; os nativos das Caroline Islands permitem que homens idosos penetrem os genitais de raparigas pré-adolescentes por forma a melhorar o seu desempenho sexual; a poligamia, nomeadamente a masculina, foi amplamente prevalente ao longo da maior parte da vida da humanidade; na cultura Tibetana, uma mulher pode ter múltiplos maridos (Flora, 2001).

4.2. Perspectiva Sociológica

A influência cultural na conduta sexual do indivíduo tem sido objecto de estudo por parte da sociologia. Estes teóricos estudaram a moral e os valores de diversas culturas no que concerne à conduta sexual, verificando que, em cada sociedade, a estrutura de poder vigente define o que é sexualmente permitido e o que não é aceitável; muitas vezes a lei é ditada por um grupo que, embora numa posição de poder e, por conseguinte, de influência, nem sempre partilha do sistema de valores comum à generalidade dos indivíduos daquela cultura, sendo a religião um dos factores decisivos. Actualmente considera-se que determinados filmes, programas de televisão e publicações pornográficas promovem uma crença distorcida e frequentemente violenta de que as mulheres realmente desejam ser sexualmente agredidas, ainda que tal desejo seja, em maior ou menor grau, inconsciente, crença esta que influencia não só crianças mas também adultos.

4.3. Perspectiva Relacional

Existe hoje grande consenso, se não unanimidade, em torno da noção de que o indivíduo se encontra em constante mutação, sofrendo o impacto do ambiente que o circunda. As teorias relacionais, em particular, enfatizam o papel decisivo desempenhado pelas relações no desenvolvimento pessoal e no desvio sexual enquanto modo de interacção: para estes autores, os ofensores sexuais são afectados por aqueles que de alguma forma os influenciaram (Flora, 2001).

4.4. Perspectiva Evolucionista

A Psicologia Evolucionista acompanha de certa forma a linha antropológica, ao defender a constante presença da sexualidade violenta/desviante ao longo da evolução humana, mas adopta uma abordagem controversa ao definir a agressão sexual como um reflexo da necessidade instintiva de procriar. A violação é encarada por estes autores como um acto sexual que visa a propagação dos genes de uma espécie, um comportamento essencialmente adaptativo e necessário à sobrevivência da espécie – os indivíduos do sexo masculino procuram quaisquer oportunidades para ter relações sexuais com mulheres, ainda que para tal tenham que se servir da violência.

4.5. Perspectiva Biológica

Estudos recentes exploram a influência de factores biológicos, neurológicos e orgânicos na conduta sexual desviante. A agressão sexual pode estar relacionada, em parte, com traumatismos crânio--encefálicos, factores obsessivo-compulsivos, doença mental, patologia orgânica, níveis de testosterona elevados, entre outros. Também as vivências traumáticas podem contribuir para uma modificação do cérebro de forma a influenciar o *acting out* sexual, incidindo sobretudo ao nível do processo de pensamento desviante e do sistema de fantasias. As fantasias armazenadas no córtex visual podem tornar-se vívidas e sexualmente excitantes; também os lobos temporais, o sistema límbico e o hipocampo podem influenciar o sistema de fantasias do ofensor. Flora (2001) refere ainda que os indivíduos com antecedentes familiares de desvio sexual podem ter um risco acrescido de vir a praticar um crime dessa natureza, mas não é actualmente possível afirmar categoricamente se se trata de uma tendência genética ou aprendida.

4.6. Perspectiva Comportamentalista

Relativamente ao papel da aprendizagem na génese do desvio sexual, é de destacar o contributo da corrente comportamentalista. Estes teóricos consideram que uma interacção sexual desviante vivenciada pelo indivíduo pode ser reencenada aquando de futuros acontecimentos de natureza sexual, sendo a fantasia e a masturbação aspectos relevantes deste fenómeno. Se os actos desviantes forem repetidos com regularidade, é provável que estejamos perante uma parafilia. A actividade sexual pode tornar-se cada vez mais distorcida à medida que o desvio continuar, e surgirem mais formas inapropriadas de actividade sexual. Esta corrente teórica considera que o desvio sexual pode resultar do condicionamento clássico, do condicionamento operante e ainda da aprendizagem por modelagem (Flora, 2001).

4.7. Perspectiva da Adição

As Teorias da Adição focalizam a sua atenção naquilo que designam como "adição sexual", descrita como uma disfunção devido à qual o indivíduo apresenta um comportamento irresponsável, descontrolado e auto-destrutivo, manifesta indiferença pelas consequências e não é capaz de impedir a acção inapropriada. Flora (2001) refere que, tal como no caso dos alcoólicos ou dos toxicodependentes, o indivíduo deseja e promete continuamente limitar o comportamento, mas é compulsivamente levado a continuar com os encontros sexuais, pelo que podem verificar-se marcadas oscilações do humor, preocupação com a obtenção de sexo e prejuízo da vida social, familiar e profissional.

4.8. Perspectiva Cognitiva

A perspectiva cognitiva enfatiza o papel desempenhado pelas distorções cognitivas. Os ofensores sexuais apresentam frequentemente um historial de pensamentos negativos a propósito de si e do outro, auto-perpetuados, que influenciam o comportamento, desenvolvendo assim uma forma distorcida de ver a vida. Esta distorção cognitiva possibilita a racionalização, justificação e minimização dos actos praticados, verificando-se frequentemente um sentimento de "direito" a praticar tais actos.

4.9. Perspectiva Psicanalítica

De acordo com as teorias psicanalíticas, o parafílico pode ser encarado como um indivíduo que não completou o processo desenvolvimental de maturação; consequentemente, verifica-se um aumento da ansiedade e dá-se o desenvolvimento de uma perversão sexual. Basicamente, esta ansiedade é convertida no medo de castração: os rapazes apercebem-se que são diferentes das raparigas e receiam a possível remoção do seu pénis por um pai ciumento e ameaçado. Para lidar com uma mãe sedutora, certos indivíduos procuram preservar a sua infância através de ansiedade e fobias; tais indivíduos podem desenvolver determinados comportamentos parafílicos de forma a deslocar a sua ansiedade. Estas teorias centram-se na importância da ansiedade e na forma como certas perversões se desenvolvem, permitindo um escape para a agressividade, pensamentos e sentimentos de natureza sexual (Flora, 2001). *Neurose* é um termo utilizado para definir traços de ansiedade, medo excessivo, nervosismo, irritabilidade e eventuais desordens comportamentais associadas. Para os autores das chamadas Teorias da Neurose, a perversão ou acto sexual desviante permite algum alívio ao ofensor embora, simultaneamente, cause um conflito intrapsíquico. Embora a necessidade de gratificação possa ser satisfeita pela agressão sexual, o conflito e os sentimentos de inferioridade e insegurança persistem. A estrutura do Ego deficitária e desviante perpetua os sentimentos de inadequação do ofensor.

4.10. Perspectiva da Psicologia do Ego

A Psicologia do Ego defende que o ofensor sexual não atingiu um desenvolvimento normal, e que o seu Ego foi fracturado. Ao ser incapaz de fornecer ao Ego um sistema moral e valorativo adequado, o Superego possibilita a emergência do Id e consequente libertação das pulsões primitivas. As perversões sexuais desenvolvem-se livremente, sem que o Superego consiga orientar e direccionar o Ego. Os ofensores com comportamentos parafílicos permitem-se agir de forma impulsiva, irresponsável e perigosa, uma vez que o seu sistema do Ego defeituoso não lhes permite avaliar as consequências dos seus actos.

4.11. Perspectiva Jungiana

Um dos conceitos fundamentais da teoria Jungiana é a individualização, através da qual o indivíduo desenvolve a sua própria identidade ao longo da vida; tal desenvolvimento permite que o indivíduo mude. Outro ponto fulcral é o processo inconsciente. Arquétipos representando símbolos universais, como a mãe e o pai, revestem-se de especial importância. Pode surgir um conflito durante o processo de desenvolvimento caso o indivíduo se depare com uma experiência que questione as expectativas do arquétipo: por exemplo, o incesto destrói ou prejudica o papel sagrado do pai ou da mãe, e tem um impacto considerável sobre o desenvolvimento sexual da criança, podendo levar a condutas sexuais desviantes, tais como a agressão sexual e a parafilia. De acordo com esta teoria, o *phallos*, símbolo masculino do pénis, comete actos agressivos e destrutivos sem *eros*, características femininas representativas do amor e da integridade. O indivíduo não tem consciência da sua condição incompleta nem da sua reduzida capacidade para manter uma relação amorosa apropriada e, sem tratamento, pode comportar-se de forma sexualmente agressiva sem remorso (Flora, 2001).

4.12. Perspectiva de Freund

As teorias psicodinâmicas baseadas na obra de Freund (1953 cit. in Briggs, Doyle, Gooch, & Kennington, 1998; Freund & Seto, 1998) defendem que os comportamentos sexualmente ofensivos estão relacionados com desejos, conflitos e tensões da infância não resolvidos. Freund (1990 cit. in Briggs et al., 1998) considera que comportamentos sexuais desviantes, nomeadamente a "violação preferencial", ou seja, a violação cometida por um indivíduo que prefere a violação à relação sexual consensual, pode ser conceptualizada como uma distorção do padrão comportamental típico que existe em todos os comportamentos eróticos ou sexuais humanos (Freund & Kolarskly, 1965 cit. in Briggs et al. 1998; Freund & Seto, 1998). O padrão comportamental típico a que Freund se refere é composto pelas seguintes quatro fases, não necessariamente nesta ordem e com eventuais lapsos temporais intermédios: localização e primeira avaliação de um parceiro adequado; interacção 'pré-táctil' (olhar, sorrir, falar); interacção táctil; e consumação da união genital. No padrão comportamental anómalo, uma destas fases é intensificada e distorcida, enquanto outras podem ser inteiramente omitidas. Assim, o voyeurismo pode ser encarado como uma exacerbação da primeira fase; o exibicionismo pode ser concebido como uma distorção da interacção pré-táctil normal; o frotteurismo pode ser visto como uma distorção da interacção táctil normal; e a violação preferencial pode ser encarada como uma distorção da união genital, eliminando toda a actividade anterior à cópula.

Face a tal diversidade conceptual e teórica, com facilidade nos apercebemos não só da complexidade do fenómeno em estudo, mas também do carácter estritamente teórico e introspectivo de algumas das explicações propostas, pouco susceptíveis de serem comprovadas pela prática clínica com este tipo de agressor. Em contrapartida, outros autores há que, partindo precisamente da sua prática clínica, constroem todo um edifício teórico e conceptual, de mais fácil compreensão e operacionalização – é o caso do modelo etiológico de Marshall.

5.
Perspectiva Etiológica da Violação:
O Modelo de Marshall

No culminar de anos e anos de investigação e prática clínica com agressores sexuais surge a teoria etiológica da delinquência sexual de Marshall (2001), na qual o autor identifica o papel específico de alguns factores, nomeadamente os vínculos paterno-filiais, as relações próximas entre adultos, a solidão e os estilos de vinculação, a história sexual juvenil, as influências socio-culturais, a pornografia, os processos de condicionamento, a auto-estima e a empatia. Para o autor, os homens devem aprender a controlar a sua tendência inata para satisfazer os seus desejos, especialmente no que diz respeito à associação entre sexo e agressão. Embora as condições ambientais e a aprendizagem exerçam um grande controlo sobre o comportamento, esse controlo actua sobre disposições inatas. Assim, o comportamento é determinado pela interacção entre o inato e o adquirido. Os factores que interferem ou dificultam o desenvolvimento de inibidores são precisamente aqueles que, em determinadas condições, facilitarão a associação do sexo à agressão em determinados indivíduos.

5.1. Influências Biológicas

Para Marshall (2001), a evolução dotou o Homem com a capacidade de pôr em prática determinados comportamentos para conseguir os seus objectivos sexuais, nomeadamente a agressão, a ameaça ou a coacção. Não obstante, é óbvio que, apesar do prazer e da gratificação que lhes poderia trazer o uso da violência, nem todos os homens a utilizam. Na verdade, se as respostas agressiva e sexual fossem claramente distintas, quer do ponto de vista fisiológico quer do ponto de vista subjectivo, poderiam ser facilmente distinguidas pelo sujeito. Contudo, os substratos neuronais que actuam na agressão são os mesmos que actuam no sexo, as ligações neuronais dentro destas áreas apresentam uma notável semelhança e os mesmos esteróides que activam a agressão também activam o sexo. Estes comportamentos têm por base um sistema endócrino complexo que inclui diversos mediadores bioquímicos. Os esteróides sexuais têm duas funções primordiais no comportamento sexual e agressivo, uma organizativa e outra motivacional. Antes da puberdade, os seus efeitos activadores parecem ser mínimos mas, uma vez activados, os níveis hormonais aumentam pelo menos quatro vezes ao longo dos primeiros dez meses, alcançando os níveis de um adulto em apenas dois anos. Este é também o momento em que se produz um aumento da actividade sexual e do comportamento agressivo. Por conseguinte, a puberdade e os primeiros anos da adolescência são épocas importantes para aprender a expressar e canalizar o sexo e a agressão.

A puberdade afigura-se como um período crucial para o desenvolvimento das tendências sexuais permanentes e, uma vez que a estas tendências sexuais estão subjacentes os mesmos activadores bioquímicos que à agressão, é razoável deduzir que a puberdade também é fundamental no desenvolvimento do comportamento agressivo. Assim, Marshall (2001) demonstrou que os comportamentos sexuais nas primeiras etapas da adolescência são preditores fiáveis da delinquência sexual na idade adulta. O autor sublinha que a aquisição de atitudes e comportamentos durante a infância preparam o homem para responder, adequada ou inadequadamente, à activação provocada pelos fortes desejos que caracterizam a etapa da puberdade. Estas respostas são influenciadas pelas atitudes socio--culturais da sociedade em geral que, por sua vez, podem permanecer como factores estáveis ao longo da vida do indivíduo. Apesar disto, existem circunstâncias que podem desinibir controlos sociais bem enraizados, da mesma forma que determinadas tendências sexuais desviantes podem libertar-se em indivíduos normalmente pró-sociais.

5.2. Experiências na Infância

Marshall (2001) atribui grande importância à relação entre pai e filho; o autor considera que uma relação paterno-filial pobre pode derivar num comportamento sexual desviante, e deduz que os delinquentes sexuais devem ter tido problemas com os pais quando eram crianças. As crianças que se convertem em violadores vivem num contexto familiar de abuso, onde são frequente e severamente castigados de forma aleatória, por motivos que raras vezes estão relacionados com o seu mau comportamento. Os violadores não se identificam com os seus pais (nenhum dos dois); estes pais anómalos são agressivos, alcoólicos e têm problemas com a lei e, como consequência, os seus filhos acabam por reproduzir estes mesmos comportamentos. Existem ainda evidências de que o comportamento antisocial na infância, que se produz no seio de uma família hostil, muito provavelmente induz a criança a violar quando se torna adulto. Em geral, a delinquência juvenil e o comportamento antisocial em adulto estão estreitamente relacionados com a baixa qualidade das relações familiares na infância. Os problemas de apego entre mãe e filho predizem um comportamento antisocial na idade adulta, enquanto os problemas entre pai e filho predizem a agressão sexual. Estas relações problemáticas entre pais e filhos são consideradas vínculos paterno-filiais destrutivos.

5.3. Vínculos Paterno-Filiais

Bowlby (1973 cit. in Marshall, 2001) foi um dos primeiros autores a assinalar a importância crucial dos laços entre pais e filhos no desenvolvimento normal da criança, e afirmou que a qualidade destes vínculos proporciona à criança um modelo para futuras relações. Se a relação com os pais é boa, a criança pensará que as relações com os outros também o podem ser; se, pelo contrário, esses vínculos são pobres, a criança partirá do princípio que as relações interpessoais podem ser problemáticas. Investigações posteriores demonstraram que as relações entre pais e filhos facilitam ou impedem a aquisição da segurança e das competências necessárias para funcionar com eficiência, particularmente no que concerne ao relacionamento com outras pessoas. Assim, através dos seus pais, as crianças aprendem não só o que podem esperar das relações com os outros, mas também quais as atitudes e os comportamentos que facilitam ou impedem o estabelecimento desse tipo de laços afectivos. Além disso, os pais disfuncionais podem exteriorizar todo o tipo de comportamentos inadequados, ou mesmo antisociais, que a criança vulnerável pode imitar.

Ainsworth (1978 cit. in Marshall, 2001) descreveu três tipos diferentes de vínculos afectivos (ou estilos de apego) que reflectem a sensibilidade do cuidador face à criança: o seguro, o evitante e o ansioso-ambivalente. Quando um dos pais é carinhoso e sensível para com a criança, esta desenvolve uma maneira segura de se relacionar com os outros: tem mais amigos, é mais sociável e empatiza mais com os que a rodeiam do que as crianças com um vínculo afectivo inseguro. Se a qualidade da relação pai-filho é pobre, a criança desenvolve um estilo evitante ou ansioso-ambivalente na sua relação com os outros. Consideram-se relações pobres aquelas em que os pais estão ausentes, rejeitam os filhos, são insensíveis às suas necessidades, não são carinhosos ou têm dificuldades em demonstrar afecto e respondem de modo incoerente ao comportamento dos seus filhos. As crianças que revelam um estilo evitante durante a infância, ao atingir a idade adulta não se apaixonam, nem evidenciam fortes vínculos amorosos com ninguém. Crianças com historial ansioso-ambivalente repetem o mesmo padrão nos seus relacionamentos amorosos, que tendem a ser curtos e superficiais.

A capacidade para estabelecer relações íntimas e maduras depende, de acordo com os teóricos que estudam os vínculos afectivos, da qualidade das relações entre o cuidador e a criança durante os primeiros anos da infância. A mudança que se opera do vínculo afectivo com os pais para as relações durante a adolescência com os seus pares é determinada, em parte, pelo tipo de experiências que o jovem vive durante este difícil período transitório. Mais um passo no sentido do desenvolvimento das competências e da confiança necessárias ao estabelecimento de relações íntimas na idade adulta consiste na boa qualidade das relações com os seus pares durante a adolescência. Os pais que apoiam o seu filho durante o seu desenvolvimento facilitam estas experiências formativas, mas estas mudanças, normalmente benéficas para a criança, podem passar despercebidas ou atrasar-se se os pais se mostram hostis à medida que o seu filho se torna independente. Marshall (2001) salienta que os delinquentes sexuais carecem de relações próximas nas suas vidas e, como consequência, sentem-se sós. De destacar que a solidão emocional é um forte preditor da ira e da hostilidade em geral, da hostilidade para com as mulheres e da agressão não sexual. Comparados com outros delinquentes – incluindo os delinquentes sexuais não violentos – os violadores têm menos relações íntimas e estão muito mais sós que os restantes.

Bartholomew (1993 cit. in Marshall, 2001) distingue quatro estilos de vinculação entre adultos. Os indivíduos que apresentam um estilo seguro confiam mais na sua capacidade para dar e receber amor, relacionam-se adequadamente com os demais e acreditam que os outros também são capazes de amar. Os que possuem um vínculo inseguro manifestam um de três estilos: o estilo preocupado, o estilo temeroso ou o estilo depreciativo. O primeiro define alguém que não se considera digno de receber amor, embora reconheça nos outros essa qualidade; estes indivíduos, também chamados ansiosos ambivalentes, desejam estabelecer vínculos emocionais próximos, mas acabam por se retrair, por medo da rejeição, quando alguém se aproxima deles. O estilo temeroso (ou estilo evitante 1) define uma pessoa que acredita que não merece ser amada e, por sua vez, duvida da capacidade que os outros têm para amar e, por conseguinte, procura relacionamentos superficiais. Por fim, o estilo depreciativo (ou evitante 2) caracteriza-se por apresentar um elevado auto-conceito mas subvalorizar os outros sendo, portanto, exploradores nas suas relações. As investigações conduzidas nesta área têm vindo a demonstrar que os delinquentes sexuais têm maior probabilidade que os restantes indivíduos de desenvolver um destes três tipos de vinculação insegura.

Em suma, um vínculo emocional inseguro entre pai e filho torna este último vulnerável, fazendo dele um sujeito com baixa auto-estima e reduzidas competências de *coping*, egocêntrico e com escassas e pobres relações sociais, devido à sua falta de empatia. Tudo isto faz com que seja incapaz de satisfazer as suas necessidades sexuais e afectivas de forma adequada (Marshall, 2001).

5.4. Factores Sócio-Culturais

Esta vulnerabilidade faz com que a criança em desenvolvimento se sinta atraído por determinados temas que aparecem nos meios de comunicação social, que enfatizam o poder e o controlo dos homens. Esta forma de ver as coisas atinge o seu expoente máximo na pornografia. Essas representações de relações distorcidas entre homens e mulheres são particularmente atractivas para os jovens que carecem de segurança em si próprios e que, consequentemente, não se sentem completamente viris. Fantasiar com a passagem a acto desses papéis masculinos distorcidos pode ser a única maneira que estes jovens encontram de sentir que exercem poder e controlo sobre as suas vidas, encarando este tipo de comportamentos como uma garantia de satisfação dos seus desejos que não encontram em comportamentos socialmente adequados. Para além destes aspectos, estudos antropológicos identificaram três características gerais da sociedade que parecem influir na frequência com que se produzem violações: a violência interpessoal, o domínio masculino e a atitude negativa face à mulher (Marshall, 2001).

5.5. Experiências Juvenis

As experiências sexuais durante a adolescência também desempenham um papel importante na teoria de Marshall (2001). Um número muito elevado de delinquentes sexuais manifestam ter sido vítimas de abuso sexual durante a sua infância, e é sabido que os agressores sexuais começam a masturbar-se mais cedo e com maior frequência que os outros rapazes. É possível que a masturbação constitua a única forma que estes jovens vulneráveis têm de se sentir bem num mundo visto como ingrato. Quando o sexo ou, neste caso, a masturbação, é utilizado como uma forma de escapar à infelicidade, cedo se converte numa forma de resolver todos os problemas. Isto sucede porque, em termos de condicionamento, o sexo é reforçado tanto negativa (modo de escapar aos problemas) como positivamente (prazer do orgasmo). Assim, o sexo converte-se num modo habitual de resolver todo o tipo de dificuldades, incluindo o mal-estar emocional – os agressores sexuais utilizam o sexo como principal mecanismo de resolução de problemas.

Um jovem que é constantemente rejeitado pelas raparigas da sua idade, seja por falta de competências, seja por não se sentir suficientemente seguro de si para se aproximar delas, pode começar a fantasiar com encontros sexuais com raparigas que se submetem aos seus desejos. Pode, então, combinar essas fantasias com a excitação sexual induzida pela masturbação. Nessas fantasias, o jovem pode ser poderoso e intimidador, e a rapariga submissa e obediente. Também a observação do comportamento do seu pai e das suas atitudes para com as mulheres, assim como as imagens transmitidas pelos *media* podem alimentar esse tipo de fantasias.

5.6. Desinibição e Oportunidade

Uma vez consolidada a disposição para agredir, qualquer reserva que possa existir face à mesma pode desaparecer sob uma série de influências. De facto, determinados estados de ânimo como, por exemplo, a depressão, a ansiedade e a sensação de solidão aumentam as tendências desviantes dos agressores sexuais. Da mesma forma, as fantasias sexuais desviantes aumentam quando os agressores se sentem sós, deprimidos ou rejeitados por uma mulher. Também a intoxicação alcoólica e a ira aliviam a repressão dos actos sexualmente desviantes. Sentimentos como a vergonha e determinadas atitudes, crenças e percepções distorcidas facilitam a comissão de agressões sexuais por parte de indivíduos com predisposição para este tipo de comportamentos.

Contudo, se não se apresentar a oportunidade, o indivíduo não pode delinquir, por mais predisposto que esteja. Algumas agressões sexuais são claramente planeadas, por vezes com grande antecipação. Para outros agressores, a primeira oportunidade para violar surge de forma fortuita. É certo, para Marshall (2001) que apenas os indivíduos predispostos para agredir sexualmente aproveitam a oportunidade quando esta surge. Uma vez consumada a violação, é muito provável que o agressor a repita em fantasia, recordando apenas os aspectos que correram tal como tinha planeado, e provavelmente acrescentando detalhes que aumentem a sua satisfação. A repetição dessas fantasias durante a masturbação reforça os aspectos gratificantes da violação, enquanto que os aspectos negativos, tais como o medo de ser apanhado ou a resistência da vítima, são pouco a pouco eliminados; desta forma vai-se consolidando uma sólida predisposição para violar.

Em conclusão, pode dizer-se que se trata de um modelo sólido e robusto, que abrange e integra de forma consistente diversos aspectos da vivência individual num todo consistente e operacional. Os aspectos biológicos, relacionais, sócio-culturais e situacionais conjugam-se de forma clara e fornecem uma explicação lógica, credível e clinicamente fundamentada para um fenómeno tão complexo e polémico como a violação.

6.

Tipologias e Taxonomias da Violação

Conforme salientam Prentky e Burgess (2000), a progressão da Ciência opera-se mediante a simplificação de domínios complexos e diversos do conhecimento. Tal simplificação é conseguida através de um processo metódico de distribuição dos elementos de um grande grupo heterogéneo em subgrupos que possuam características comuns, conferindo assim alguma ordem à diversidade. A ciência da classificação, a Taxonomia, é fundamental a toda a Ciência: a sua tarefa consiste em estabelecer as leis e os princípios subjacentes à diferenciação de um domínio em subgrupos que, teoricamente, apresentam similaridades importantes. Quanto mais heterogéneo o domínio em questão, mais crítica a classificação.

A classificação é uma operação cognitiva fundamental: desde o primeiro contacto com o estímulo percebido até à integração e armazenamento da informação na memória a longo prazo, a identificação, organização e integração dos elementos que partilham características comuns são, comprovadamente, componentes essenciais da percepção e da cognição. A função crítica da classificação na investigação científica reflecte o seu papel central na cognição: constitui um precursor e um sustentáculo de todo o progresso científico (Knight & Prentky, 1990).

Os mesmos autores sublinham que o papel indispensável da classificação no estudo científico do comportamento desviante se encontra bem fundamentado. De facto, na compreensão da estrutura taxonómica de uma população desviante reside a chave para a elaboração teórica e a pedra basilar de qualquer intervenção. Tal estrutura fornece uma base para a investigação e constitui um pré-requisito essencial para a determinação da resposta ideal da sociedade ao desvio. Seja o objectivo final a tomada de decisões relativas à intervenção, o estudo do desenvolvimento de determinado padrão comportamental desviante ou o acompanhamento do curso de vida desse mesmo padrão, a estrutura taxonómica da população deve ser tida em consideração, sob pena de serem cometidos erros de ordem prática, metodológica e teórica.

No estudo da agressão sexual, a importância da abordagem taxonómica tem sido extensamente reconhecida na literatura clínica. Os investigadores que lidam com violadores e abusadores de menores são constantemente confrontados com a aparente heterogeneidade destes agressores e com a exigência de tomada de decisões concretas relativas à intervenção. Ao longo dos anos, estes investigadores têm vindo a registar as constâncias que observam entre estes agressores e a propor diversas tipologias, cujo objectivo primordial é aumentar a homogeneidade dos grupos e permitir uma melhor fundamentação das decisões clínicas (Knight & Prentky, 1990).

Das diversas tipologias de violadores propostas ao longo dos anos seleccionamos aquelas que, pela sua importância seminal e pela sua aplicabilidade prática, se nos afiguram como mais relevantes para o presente estudo. A sequência aqui apresentada obedece a uma ordem cronológica, e o facto de algumas se encontrarem comparativamente mais desenvolvidas deve-se a três factores: em primeiro lugar, a importância dessa tipologia no desenvolvimento de outras; em segundo lugar, a sua aplicabilidade prática em geral e no presente estudo em particular; por fim, ao próprio desenvolvimento e *follow-up* de que a tipologia foi objecto (traduzido na quantidade e qualidade do material científico produzido a seu respeito).

6.1. Guttmacher e Weihofen

Guttmacher e Weihofen (1952, cit. in Prentky & Burgess, 2000) conceberam uma tipologia de base clínica, na qual descrevem três tipos de violador. Para o primeiro destes tipos, o chamado "Verdadeiro Agressor Sexual", a violação constitui uma expressão explosiva de um impulso sexual reprimido. No segundo tipo a agressão perpetrada assume características sádicas, enquanto no terceiro tipo a violação faz parte de um padrão geral de comportamento criminal.

6.2. Kopp

Kopp (1962, cit. in Prentky & Burgess, 2000) considera essencial a distinção entre violação "egosintónica" e "egodistónica", baseando nestes dois conceitos a sua tipologia. No primeiro tipo, o violador Egosintónico é um indivíduo antisocial, psicopata, incapaz de experienciar culpa ou remorso. A violação do tipo Egodistónico resulta de uma falha no sistema defensivo do sujeito e produzirá, com elevado grau de probabilidade, sentimentos de culpa e/ou remorso.

6.3. Gebhard e colaboradores

A partir do estudo de 1356 ofensores sexuais, Gebhard e colaboradores (1965, cit. in Prentky & Burgess, 2000) identificaram sete tipos de indivíduos sexualmente coercivos. O tipo mais frequente é o Agressivo (descrito como Sádico), seguido em frequência pelo Delinquente Amoral (designado como Hedonista Desorganizado e Egocêntrico) e pelo violador Embriagado. O violador Explosivo é caracterizado pelo descontrolo episódico. Um quinto grupo, chamado de Duplo Padrão, engloba indivíduos menos associais que os Delinquentes Amorais, que habitualmente apresentam atitudes e comportamentos machistas. Estes cinco tipos abrangem cerca de dois terços da amostra, sendo os restantes 30% enquadrados nos tipos Deficiente Mental e Psicótico.

6.4. Cohen e Seghorn

No seu artigo de 1969, Cohen, Seghorn e Calmas descrevem quatro tipos de violadores, sendo a distinção baseada nos contributos relativos da agressividade e da sexualidade para a agressão sexual. No tipo Compensatório, a motivação é mais agressiva que sexual. A agressão é instrumental, sendo utilizada apenas para conseguir a submissão da vítima. O ofensor é atormentado por fantasias de violação e sente grande excitação com a violação. Hipoteticamente, o ofensor sofre de sentimentos generalizados de inadequação, que a violação vai de alguma forma compensar.

Para os indivíduos englobados no tipo Agressão Deslocada, a agressão sexual constitui uma expressão de raiva (ou fúria) para com à vítima, e a intenção é lesá-la fisicamente, degradá-la, corrompê-la, diminuí-la e humilhá-la. Muitas vezes, o ofensor vivencia a violação como "um impulso incontrolável". Teoricamente, a violação sucede após um acontecimento precipitante, que envolve uma figura feminina significativa na vida do ofensor, como é o caso da mãe, da esposa, da namorada, de uma parente próxima ou de uma superior hierárquica. Assim, diz-se que o ofensor desloca a sua raiva da sua causa ou ponto de origem para uma vítima inocente.

O tipo Sexo-Agressão-"Defusão" (no original *Defusion*) caracteriza-se pela agressão sádica ou com alguns elementos de sadismo. No verdadeiro sadismo clínico, os sentimentos de excitação sexual e de raiva coexistem, de forma que o indivíduo não consegue experienciar um sem o outro. Os dois sentimentos estão sinergicamente associados: à medida que a raiva aumenta, a excitação sexual aumenta; da mesma forma, com o aumento da excitação sexual dá-se o aumento da raiva. Dado o carácter primitivo da agressão, sem qualquer neutralização por sentimentos sexuais, a ofensa é denominada Sexo-Agressão-"Defusão".

Por fim, no tipo Impulsivo, nem a motivação sexual nem a motivação agressiva parecem ser primordiais para a ofensa. Esta é predatória e constitui uma parte de um padrão generalizado de comportamento impulsivo e antisocial.

6.5. Rada

Rada (1978, cit. in Prentky & Burgess, 2000) descreve cinco tipos de violadores. O primeiro tipo, chamado Ofensor Sociopata, é caracterizado pela presença de um padrão generalizado de comportamento impulsivo e antisocial. O Ofensor com Conflito de Identidade Masculina, por seu lado, apresenta sentimentos de inadequação social e sexual, assim como um estilo interpessoal e atitudes hipermasculinas. Um terceiro tipo, o Ofensor por Stress Situacional, exibe sintomas de depressão agitada e sentimentos de vergonha e culpa após a agressão. O Ofensor Sádico caracteriza-se pela excitação ou prazer sexual em resposta à degradação, humilhação ou dor da vítima, e o

Ofensor Psicótico pelo seu comportamento excepcionalmente bizarro e violento.

6.6. Groth

Para Groth (1979), a violação constitui sempre e principalmente um acto agressivo. Em cada violação estão envolvidas tanto a agressividade como a sexualidade, mas esta última torna-se o meio através do qual são expressas as necessidades e sentimentos de carácter agressivo que operam no ofensor e estão subjacentes ao seu comportamento criminoso. Para este autor, a violação é um fenómeno complexo e multideterminado, servindo uma série de objectivos e propósitos. Quaisquer que sejam as diversas necessidades e factores envolvidos na prática da violação, Groth considera notória a presença constante e proeminente das componentes da raiva, do poder e da sexualidade.

Baseado na sua experiência clínica, o autor afirma que a raiva ou o poder se assumem como componente dominante e que a violação, mais do que uma expressão primária de desejo sexual, constitui, na realidade, a utilização da sexualidade como meio para expressar a problemática subjacente associada ao poder ou à raiva. A violação constitui, assim, um acto pseudosexual, um padrão de comportamento sexual relacionado com o estatuto, a hostilidade, o controlo e o domínio, mais do que com o prazer ou a satisfação sexual. É, no entender de Groth (1979), "o comportamento sexual ao serviço de necessidades não sexuais" (p. 13).

6.6.1. *Violação por Raiva*

O primeiro tipo descrito por este autor é a violação por Raiva; nestes casos, é notório que a sexualidade se torna um meio de expressão e descarga de raiva e fúria acumuladas. A violação é caracterizada pela brutalidade física: é empregue muito mais força do que aquela que seria necessária se a intenção fosse apenas subjugar a vítima e conseguir a penetração. Pelo contrário, este tipo de ofensor ataca a sua vítima, agarra-a, agride-a, atira-a ao chão, espanca-a, rasga-lhe as roupas e viola-a. Pode utilizar um estilo de ataque repentino, com uma ofensiva surpresa que apanha a vítima desprevenida, ou uma abordagem baseada na confiança para ganhar acesso à vítima, seguida de um ataque súbito e avassalador.

Groth (1979) considera que a vivência da violação para este tipo de ofensor é marcada pela consciência da raiva e da fúria, que são expressas física e verbalmente. O seu objectivo é lesar e humilhar a vítima, e o desprezo que sente por esta é expresso mediante o uso de linguagem abusiva e profana: o sexo torna-se uma arma, e a violação a expressão perfeita da sua raiva. Muitas vezes, este tipo de ofensor obriga a vítima a submeter-se ou a praticar actos sexuais adicionais que considera particularmente degradantes, tais como o sexo anal ou oral; em alguns casos, a expressão do desprezo pela vítima envolve actos como urinar ou masturbar-se e ejacular sobre esta. Geralmente, este tipo de ofensor não relata estados de excitação ou desejo sexual; de facto, a própria sexualidade é encarada como algo "sujo" e ofensivo e, por conseguinte, torna-se uma arma, um meio de corromper, degradar e humilhar a vítima. O violador motivado pela Raiva obtém pouca ou nenhuma satisfação sexual com a violação: muitas vezes, a sua reacção ao acto sexual em si é de repulsa e nojo; a satisfação e o alívio derivam da descarga da raiva.

Tipicamente, este tipo de ofensor relata não ter premeditado a violação: não foi algo que fantasiasse ou ponderasse, mas sim algo que surgiu no calor do momento. Mesmo durante o curso da violação, o ofensor pode dissociar-se psicologicamente da agressão, como se estivesse em transe ou se fosse um observador, mais que um participante; os acontecimentos são experienciados como irreais e o ofensor pode não ter noção dos actos cometidos. A duração deste tipo de violação é relativamente curta: o ofensor ataca, agride e foge. São actos de carácter impulsivo ou espontâneo, não premeditados, e o ofensor tem dificuldade em relatar o sucedido, optando pela negação e pela racionalização. Ao descrever o curso dos acontecimentos, o ofensor relata um estado de espírito que combina a raiva, a agitação, a frustração e a depressão, sendo a ofensa habitualmente precedida por um acontecimento desagradável que, frequente mas não invariavelmente, envolve uma figura feminina significativa na vida do sujeito. A violação surge, assim, em resposta a um stressor precipitante passível de ser identificado (Groth, 1979).

De acordo com Groth (1979), as relações deste tipo de violador com as pessoas importantes da sua vida são tipicamente pautadas pelo conflito, pela irritabilidade e pela provocação. A raiva, o ressentimento, a hostilidade e a frustração acumuladas nesta relações são frequentemente deslocadas para outras pessoas e, assim, a vítima pode ser desconhecida do ofensor, alguém que teve o infortúnio de estar presente no momento em que o seu auto-controlo começa a falhar e a sua raiva a eclodir. Em alguns casos, a vítima do violador motivado pela Raiva é a própria pessoa por quem o ofensor nutre tal raiva, mas em outros casos, trata-se simplesmente de uma substituta dessa pessoa, um objecto simbólico e disponível em quem o ofensor vai descarregar a sua ira e fúria. Existem casos em que a vítima não tem qualquer significado, directo ou simbólico, para o ofensor, mas torna-se um alvo devido à sua relação com a pessoa contra quem o ofensor procura vingança. Este tipo de ofensor ataca de forma esporádica e pouco frequente: a acumulação das frustrações e dos conflitos até ao ponto de erupção demora algum tempo. A incidência deste tipo de violador é, segundo o autor, de 44%.

6.6.2. *Violação por Poder*

O segundo tipo descrito por Groth (1979) é caracterizado pela predominância do poder enquanto factor motivador da violação. Neste tipo de agressão, a intenção do ofensor não é lesar a sua vítima, mas sim possui-la sexualmente. A sexualidade converte-se num meio para compensar sentimentos latentes de inadequação e para expressar questões relacionadas com a mestria, a força, o controlo, a autoridade, a identidade e a capacidade. O objectivo é a conquista sexual e o ofensor usa apenas a força necessária para o atingir, para capturar e controlar a vítima. Tal controlo pode ser atingido mediante a ameaça verbal, a intimidação com armas brancas ou de fogo e/ou o uso da força física. A agressão física é usada para dominar e subjugar a vítima, e é orientada para a obtenção da submissão sexual. A intenção do ofensor é conseguir uma relação sexual com a vítima, como prova de conquista, e para o conseguir recorre à força que considerar necessária para superar a resistência da vítima e para a tornar indefesa. Muitas vezes a vítima é raptada ou mantida presa e pode ser submetida a violações repetidas ao longo de um período de tempo mais ou menos prolongado.

Segundo Groth (1979), este tipo de violador experiencia pensamentos obsessivos e fantasias masturbatórias relacionadas com a conquista sexual e a violação, sendo característico o cenário em que a vítima opõe resistência aos avanços do sujeito que, apesar disso, a domina e a penetra; é então que a vítima, incapaz de resistir à destreza sexual do ofensor, cede à excitação sexual e se torna receptiva. Encarada como um teste à sua competência, a experiência da violação para este tipo de ofensor é uma mistura de excitação, ansiedade, antecipação de prazer e medo. Na realidade, o ofensor obtém pouca satisfação sexual através da violação: esta constitui uma desilusão, dado que nunca consegue corresponder à fantasia. O ofensor sente que não encontrou aquilo que procurava, algo que não consegue identificar nem definir claramente, não se sente confortado pelo seu desempenho nem pela resposta da vítima e, por conseguinte, sente necessidade de procurar outra vítima, "a tal". Assim, as violações tornam-se repetitivas e compulsivas, podendo ocorrer em grande número num período de tempo relativamente curto.

A quantidade de força utilizada na violação pode variar de acordo com factores situacionais, e pode verificar-se um aumento na agressão ao longo do tempo, à medida que o ofensor se torna cada vez mais desesperado na busca daquela experiência indefinível que continua a escapar-lhe. A violação em si pode ser premeditada (o ofensor sai em busca de uma vítima com a clara intenção de a violar) ou oportunista (surge uma situação em que o ofensor se vê, inesperadamente, com acesso a uma vítima e é essa acessibilidade que vai despoletar a violação). A vítima do violador motivado pelo Poder tende a ser da mesma idade que o ofensor ou mais nova, sendo a selecção da vítima predominantemente determinada pela disponibilidade, acessibilidade e vulnerabilidade (Groth, 1979).

Embora este tipo de violador possa atribuir o crime ao desejo de obter gratificação sexual, um exame mais detalhado ao seu comportamento tende a revelar a ausência de quaisquer esforços no sentido de determinar a receptividade da vítima a uma aproximação sexual, de negociar o encontro sexual, de iniciar preliminares ou relações sexuais consensuais com a vítima. Segundo Groth (1979), o objectivo do ofensor é capturar, conquistar e controlar a sua vítima; o desejo sexual não desempenha qualquer papel neste tipo de violação. De facto, as agressões sexuais coexistem com as relações sexuais consensuais na vida do sujeito: o autor afirma nunca ter encontrado nenhum caso em que a violação fosse a primeira ou a única experiência sexual na vida do sujeito, ou em que o sujeito não tivesse quaisquer outras alternativas ou escapes para os seus desejos sexuais.

Uma das dinâmicas subjacentes a este tipo de violação é a reafirmação da masculinidade do ofensor. Este tende a sentir-se inseguro relativamente à sua masculinidade ou em conflito no que concerne à sua identidade, razão pela qual consideram a homossexualidade particularmente perturbante ou assustadora e, muitas vezes, adoptam atitudes de oposição. A violação torna-se, então, uma forma de acalmar tais receios, de reafirmar a sua heterossexualidade e de preservar o seu sentimento de masculinidade. Mesmo actos heterossexuais que não a cópula podem ser considerados "pervertidos", assim como a masturbação. Na realidade, todos os tipos de sexualidade são encarados como ameaçadores, e as suas investidas heterossexuais têm um carácter compulsivo e contrafóbico. As ansiedades do sujeito podem ser convertidas numa postura dura, assertiva e machista, ou reflectir-se numa curiosa necessidade de validação e confirmação no que diz respeito às suas vítimas. Este tipo de violador tende a entabular conversa de natureza sexual com a vítima, mostrando-se simultaneamente assertivo (dando instruções, ordens ou expressando exigências) e inquisitivo (questionando-a acerca dos seus interesses sexuais ou solicitando-lhe uma avaliação do seu desempenho sexual), reflectindo tanto as questões associadas ao poder como as necessidades de confirmação (Groth, 1979).

Para Groth (1979), a busca do poder, da mestria e do controlo apresenta-se como uma questão por resolver na vida do sujeito, que se materializa nas violações por ele perpetradas. Por um lado, a vítima pode simbolizar tudo aquilo de que o ofensor não gosta em si mesmo, o ser fraco, impotente, efeminado; por outro, a sua necessidade desesperada de se assegurar da sua virilidade e competência sexual resulta muitas vezes na atribuição dos seus próprios desejos à vítima, distorcendo a sua percepção desta e interpretando o seu comportamento de forma errónea. É frequente neste tipo de ofensor a negação do carácter forçado da relação sexual: ele necessita de acreditar que a vítima o desejava e desfrutou da relação. Após a violação, o ofensor pode insistir em pagar uma bebida ou um jantar à vítima, e expressar o desejo de a voltar a ver. Em alguns casos, esta actuação pode ser entendida como um gesto de amizade ou como uma forma de desacreditar uma posterior queixa de violação por parte da vítima. Noutros casos, contudo, este comportamento por parte do ofensor reflecte a sua expectativa fantasiosa que a conquista sexual tenha despertado na vítima um desejo por ele; o ofensor não pode aceitar que a vítima não se tenha sentido atraída por ele, e racionaliza que a alegação de violação foi feita para proteger a reputação dela.

A violação pode ser despoletada por algo que o ofensor interpreta como um desafio por parte de uma mulher ou uma ameaça de um homem, algo que compromete o seu sentimento de competência e auto-estima e activa sentimentos latentes de inadequação, insegurança e vulnerabilidade. O sujeito procura, então, restaurar o seu sentimento de poder, de controlo, de identidade e de valor através da violação: nas palavras de Groth (1979, p. 31), "quando se sente que já não restam outros meios de expressão, há sempre os recursos físicos: a força e a sexualidade." Este é o mais frequente dos três tipos descritos pelo autor, com uma incidência de 55%.

6.6.3. *Violação Sádica*

No terceiro tipo descrito por Groth (1979), a sexualidade e a agressão fundem-se numa experiência psicológica unitária denominada de Sadismo. Verifica-se uma transformação sexualizante da raiva e do poder, de tal forma que a agressão em si se torna erotizada. Este tipo de ofensor obtém uma intensa gratificação ao maltratar a vítima, e tem prazer com o seu tormento, angústia, aflição, desespero e sofrimento. A violação envolve, geralmente, *bondage* e tortura, frequentemente associadas a uma componente bizarra ou ritualista. O ofensor pode sujeitar a vítima a actividades invulgares como, por exemplo, cortar-lhe o cabelo, banhá-la ou limpar-lhe o corpo, forçá-la a vestir-se ou a comportar-se de determinada forma; tais comportamentos são acompanhados de outros explicitamente abusivos, tais como mordeduras, queimaduras com cigarros ou flagelação. As zonas sexuais do corpo da vítima (seios, nádegas, órgãos genitais) constituem alvos privilegiados de agressão. Em alguns casos, o ofensor pode servir-se de objectos como paus e garrafas para penetrar a vítima. Nos casos mais extremos, nomeadamente naqueles que envolvem homicídio, podem ocorrer comportamentos grotescos, tais como a mutilação sexual do corpo da vítima ou a cópula com o seu cadáver.

As prostitutas ou mulheres que o ofensor considere promíscuas podem converter-se em alvos particularmente apetecíveis. Habitualmente, as vítimas são desconhecidas do ofensor e partilham uma ou mais características comuns, como a idade, a aparência física ou a profissão. Estas mulheres tornam-se símbolos de algo que o ofensor deseja punir ou destruir. A violação é deliberada, calculada e premeditada, e o ofensor toma precauções contra a detecção, como o uso de disfarce ou o vendar dos olhos da vítima. A vítima é perseguida, raptada, agredida e, por vezes, assassinada (Groth, 1979).

O autor salienta que o violador sádico, por oposição ao violador motivado pela Raiva, planeia ao pormenor as suas ofensas, não se verificando qualquer libertação explosiva de fúria. Geralmente este ofensor captura a vítima e só depois atinge estados de excitação, à medida que a agride. A experiência da violação para o violador sádico é marcada pela intensidade da excitação e pelo seu aumento progressivo. Tal excitação está associada ao sofrimento infligido à vítima, sofrimento este de natureza física e psicológica. O ódio e o controlo são erotizados, de tal forma que o ofensor obtém satisfação ao agredir, humilhar e, em alguns casos, destruir a sua vítima.

Para alguns violadores sádicos, o infligir de sofrimento, por si só, constitui uma fonte de gratificação; para outros, constitui um comportamento preliminar para outras formas de actividade sexual. A excitação sexual é função da agressão: quanto mais agressivos são, mais poderosos se sentem; e quanto mais poderosos se sentem, mais excitados se tornam. Este ciclo vicioso resulta, em casos extremos, num estado de frenesi no qual o ofensor comete um homicídio sexual. O ofensor sádico relata frequentemente sentir-se excitado com a resistência fútil da vítima, que vivencia como uma experiência excitante e erótica. Pode, inclusive, estar impotente no início da agressão, até que a vítima lhe resiste fisicamente, ou sofrer uma ejaculação espontânea durante a agressão (Groth, 1979).

A natureza ritualista e potencialmente letal das ofensas perpetradas pelo violador sádico leva, muitas vezes, a que este seja estereotipado como um indivíduo claramente perturbado ou psicótico quando, na verdade, este oculta com sucesso os seus impulsos daqueles que o rodeiam. Uma das características mais desconcertantes deste tipo de violador é a sua aparência afável, em clara contradição com o estereótipo do predador sexual, característica esta que é rentabilizada na obtenção de acesso à vítima insuspeita (Groth, 1979).

Segundo o autor, o imaginário deste tipo de violador é povoado por pensamentos mórbidos, ligados ao oculto, violentos e bizarros, centrando-se as suas fantasias sexuais em temáticas sádicas. Geralmente estes indivíduos interessam-se por pornografia sadomasoquista e coleccionam recordações das vítimas, tais como fotografias e peças de vestuário. As suas violações sádicas são repetitivas e intercaladas com outras violações menos dramáticas, assim como encontros sexuais consensuais. Pode, ainda, verificar-se uma escalada ao longo do tempo, sendo cada violação mais violenta que a anterior. Os impulsos sexuais podem tornar-se aparentes noutros contextos, desde as suas relações sexuais consensuais até outras actividades não explicitamente sexuais, tais como envolvimento em lutas ou actos cruéis para com animais. Em conclusão, Groth (1979) considera que a intenção do violador sádico é abusar e torturar a vítima, o seu instrumento é o sexo e a sua motivação é a punição e a destruição. Dos três tipos, este é o menos frequente, correspondendo a cerca de 5% dos casos examinados pelo autor.

6.7. Knight & Prentky – Massachusetts Treatment Center Revised Rapist Typology, Version 3 (MTC: R3)

Knight e Prentky (1990) desenvolveram a sua tipologia com base no trabalho de Cohen (1969, cit. in Knight & Prentky, 1990). Na aplicação prática da tipologia de Cohen, Knight e Prentky obtiveram resultados pouco satisfatórios, sobretudo no que dizia respeito à distinção entre os tipos Compensatório e Impulsivo. A partir de uma análise caso a caso, depararam-se com a possibilidade de constituir um outro tipo, distinto e coeso; para a distinção deste grupo, os autores introduziram no sistema a impulsividade no estilo de vida enquanto critério tipológico e reconceptualizaram a organização básica da tipologia. Assim, foi evoluindo uma estrutura hierárquica, uma árvore de decisão em três passos, que exigia discriminações dicotómicas sucessivas relativas ao significado da agressão utilizada na violação (instrumental versus expressiva), à natureza da motivação para a violação (sexual versus exploratória ou enraivecida), e à quantidade e qualidade relativas do controlo dos impulsos na história de vida do ofensor (estilo de vida com elevada ou reduzida impulsividade). Contudo, os resultados obtidos com esta nova tipologia não corresponderam às expectativas, tornando-se óbvia para os autores a necessidade de uma nova revisão.

Ao contrário das versões anteriores, a MTC:R3 é um sistema de classificação prototípico e não hierárquico, ou seja, em lugar de uma sequência de decisões que conduz a uma classificação, cada subtipo possui o seu conjunto independente de critérios específicos de inclusão e o seu próprio, presumivelmente único, "perfil" de características. Cada subtipo pode ser encarado como um protótipo ou modelo com base no qual podem ser avaliados os novos casos (Knight & Prentky, 1990). Neste sentido, a MTC:R3 é similar ao Manual de Diagnóstico e Estatística da American Psychiatric Association (APA, 2002).

Esta tipologia inclui nove subtipos, organizados de forma a que cada tipo esteja adjacente aos tipos que lhe são mais semelhantes em perfis de análise de clusters com variáveis críticas (comportamento antisocial, agressão sexualizada, impulsividade da ofensa e abuso de substâncias). O último tipo, o tipo 9, assemelha-se mais ao tipo 8 e ao tipo 1, fechando assim como que um círculo.

De acordo com os autores, a MTC:R3 é um sistema baseado na motivação, que parte de quatro factores motivadores primários: a oportunidade, a raiva indistinta, a gratificação sexual e a vingança. Estes quatro componentes motivacionais estão relacionados com padrões comportamentais estáveis que permitem distinguir grupos específicos de agressores. A inclusão de um indivíduo num determinado subtipo é definida com base nos critérios específicos que definem cada subtipo. Tais critérios reflectem o esforço por parte dos autores no sentido de operacionalizar muitas das dimensões que foram identificadas como importantes factores discriminantes entre os violadores. O modelo de classificação da MTC:R3 inclui dimensões como a Agressão Expressiva, o Comportamento Antisocial na Juventude e na Idade Adulta, as Competências Sociais, a Raiva Geral ou Indistinta, o Sadismo, a Sexualização (pensamentos e fantasias sexuais, comportamentos parafílicos) e o Planeamento da Ofensa. Os subtipos são definidos com base na importância diferencial que é atribuída a cada uma destas dimensões em cada um dos tipos. Assim, para um determinado subtipo, algumas dimensões são consideradas menos importantes enquanto a outras é atribuída importância capital.

6.7.1. Violação Oportunista (Tipos 1 e 2)

Para os tipos Oportunistas, a motivação primária para a prática da violação prende-se com a exploração impulsiva. A violação, geralmente, não é planeada, constitui um acto predatório, motivado por factores situacionais e imediatamente antecedentes. Nestes casos, a violação surge no contexto de uma multiplicidade de comportamentos antisociais, prolongados no tempo e alargados a diversos contextos. Este tipo de ofensor apresenta um estilo de vida marcado pela impulsividade, evidente pela instabilidade laboral, elevado número de relacionamentos superficiais e de curta duração, e mudanças frequentes de residência. Na violação propriamente dita, não existem evidências de violência gratuita e o ofensor mostra-se pouco enraivecido, excepto em reacção à resistência por parte da vítima. O seu comportamento sugere que procura gratificação sexual imediata e está disposto a usar da força necessária para a alcançar (Prentky & Burgess, 2000).

Os mesmos autores referem que, em contexto grupal, os violadores oportunistas apresentam-se como "hipermasculinos", evidenciando atitudes caracteristicamente "machistas" relativamente às mulheres e à sexualidade, considerando o sexo como um direito adquirido à nascença pelos homens e que a recusa por parte da mulher simplesmente não é uma opção a ter em conta. Embora as distorções cognitivas e atitudinais associadas às mulheres sejam comuns a todos os tipos de violadores, a hipermasculinidade é particularmente característica deste grupo. Dado experienciarem reduzida ou nenhuma empatia pelas vítimas, facilmente demonstram uma marcada indiferença face a estas. Caso a vítima oponha resistência, o ofensor pode enfurecer-se e empregar uma maior força física, esbofeteando-a, esmurrando-a ou amarrando-a. A violência deste tipo de violador não é, contudo, gratuita nem sexualizada.

6.7.2. Violação por Raiva Indistinta (Tipo 3)

A motivação primária deste tipo de ofensor é, para Knight e Prentky (1990 cit. in Prentky & Burgess, 2000) a raiva indiferenciada ou global. Tais ofensores mostram-se enraivecidos com o mundo, sem fazer distinções em relação aos alvos da sua raiva: assim, os homens têm a mesma probabilidade de se tornarem alvos que as mulheres. Estes ofensores têm um historial de agressões físicas de carácter não sexual, e procuram oportunidades para expressar a sua raiva como, por exemplo, provocar brigas em bares. A sua agressão é gratuita e muitas vezes ocorre na ausência de qualquer tipo de resistência por parte da vítima. Tendem a infligir lesões físicas muito graves nas vítimas, podendo mesmo causar-lhes a morte. Embora agridam sexualmente as vítimas do sexo feminino, a sua raiva não parece ser sexualizada: não existem indícios de que as violações tenham como motivação subjacente fantasias de violação pré-existentes, que sejam planeadas ou premeditadas. As duas características fundamentais deste grupo são a extrema dificuldade ao nível do controlo dos impulsos e o profundo "reservatório" de raiva indiferenciada acumulada. Desde a infância e adolescência até à idade adulta, as suas histórias de vida são marcadas pela dificuldade em controlar os seus impulsos e por expressões descontroladas da sua raiva, que muitas vezes incluem a agressividade e o envolvimento em lutas e, menos frequentemente, a crueldade para com os animais.

6.7.3. Violação Sexualizada (Tipos 4, 5, 6 e 7)

De acordo com os autores, a sexualização refere-se, essencialmente, a um elevado grau de preocupação com a gratificação das próprias necessidades sexuais. Tal preocupação é frequentemente evidenciada por fantasias sexuais e de violação recorrentes e intrusivas, pelo uso frequente de pornografia, por relatos da vivência frequente de impulsos sexuais incontroláveis, pelo uso de escapes alternativos para a gratificação das necessidades sexuais (salões de massagens, bares de strip, etc.) e pelo envolvimento em outros comportamentos sexuais desviantes (parafilias), tais como o voyeurismo, o exibicionismo ou o fetichismo. As violações perpetradas por este tipo de ofensor são bem planeadas, como é notório pela clara sequenciação dos acontecimentos, pela posse de parafernália relacionada com a agressão, e pela aparente existência de um plano para aceder à vítima e evitar ser capturado após a ocorrência da violação.

Esta extensa preocupação sexual atinge quatro tipos de violador: todos partilham da presença de fantasias sexuais e de violação que motivam as suas agressões e influenciam a forma como estas se processam. Na MTC:R3 estão descritos dois grandes subgrupos, baseados na presença ou ausência de fantasias ou comportamentos sádicos: os grupos Sádico e Não Sádico. O grupo Sádico inclui dois subtipos (Sádico Manifesto e Sádico Encoberto) e o grupo Não Sádico outros dois (Elevadas Competências Sociais e Reduzidas Competências Sociais). Assim sendo, estes quatro subtipos distinguem-se essencialmente pelo conteúdo das fantasias e pela forma como estas se expressam através do comportamento. Em suma, o tipo 4 (Sádico Manifesto) caracteriza-se por comportamentos abertamente sádicos, com elevado nível de agressão expressiva. O tipo 5 (Sádico Encoberto) apresenta fantasias de conteúdo sádico, cuja expressão é encoberta, com um menor nível de agressão. Os tipos 6 e 7 (Não Sádico com Elevadas Competências Sociais e Não Sádico com Reduzidas Competências Sociais) são marcados pela ausência de tais fantasias e por um nível de agressão relativamente baixo (Prentky & Burgess, 2000).

6.7.3.1. Violação Sádica (Tipos 4 e 5).

Ambos os tipos Sádicos evidenciam uma fraca diferenciação entre os impulsos sexuais e agressivos, bem como uma frequente co-ocorrência de pensamentos e fantasias de natureza sexual e agressiva. Para o Sádico Manifesto, a agressão é manifestada directamente em comportamentos fisicamente lesivos no decurso da violação. O Sádico Encoberto, por seu lado, expressa a sua agressividade de forma simbólica ou mediante fantasias encobertas que nunca passam ao acto. Prentky e Burgess (2000) referem que estudos preliminares realizados por Knight demonstraram uma elevada correlação entre a distinção Manifesto/Encoberto e o nível de competências sociais, sendo que o tipo Manifesto evidencia baixos níveis de competências sociais comparativamente com o tipo Encoberto, que apresenta níveis mais elevados, possibilitando-lhe "encobrir" ou atenuar o nível de agressão expressa.

Segundo os autores, para um indivíduo ser classificado como Sádico Manifesto, o seu comportamento deve espelhar a intenção de infligir medo ou dor na vítima e manifestar um elevado nível de agressão. Para além disso, dado que a característica fundamental do sadismo é a relação sinérgica entre a excitação sexual e os sentimentos de raiva, tem que existir algum indício de que a agressão contribuiu para a excitação sexual do ofensor ou, pelo menos, não a inibiu. Uma vez que cada um dos dois sentimentos (excitação sexual e raiva) possui igual capacidade para aumentar ou diminuir o outro, os actos sexuais podem preceder a agressão, ou a agressão pode preceder os actos sexuais. O essencial, em qualquer dos casos, é o entrelaçar, ou a fusão, dos dois sentimentos de forma a que o aumento de um leve ao aumento do outro. Como grupo, os violadores sádicos apresentam-se como indivíduos enraivecidos e beligerantes que, aparte do sadismo e do planeamento das suas agressões sexuais, se assemelham em grande medida aos violadores do tipo Raiva Indistinta.

Para que um indivíduo seja classificado como Sádico Encoberto têm que existir indícios de que o medo e o desconforto da vítima ou a fantasia de violência contribuíram para a excitação sexual do ofensor (ou não a inibiram), e que a quantidade de força física empregue na violação não excedeu aquela que seria necessária para conseguir a submissão da vítima. Estes indivíduos caracterizam-se pela expressão simbólica de fantasias sádicas, servindo-se para tal de várias formas de *bondage* ou amarras, inserção não lesiva de objectos estranhos e uso de outros "auxiliares" sexuais, tais como a vaselina ou o creme de barbear. O que está ausente neste tipo é o elevado nível de agressão expressiva que é claramente evidente no tipo Sádico Manifesto. O nível mais elevado de competências sociais do Sádico Encoberto pode explicar esta diferença, com a maior sofisticação social deste tipo de violadores a atenuar ou camuflar a agressão. Em geral, os violadores do tipo Sádico Encoberto, à excepção das suas fantasias sexuais e do seu estilo de vida ligeiramente mais impulsivo, são bastante semelhantes aos do tipo Não Sádico com Elevadas Competências Sociais (Prentky & Burgess, 2000).

6.7.3.2. Violação Não Sádica (Tipos 6 e 7).

Para os violadores Sexualizados Não Sádicos, conforme descritos por estes autores, os pensamentos e fantasias associados às ofensas são desprovidos da relação sinérgica entre sexo e agressão que caracteriza os tipos Sádicos. De facto, estes dois tipos (Elevadas Competências Sociais e Reduzidas Competências Sociais) manifestam menor agressividade do que qualquer dos restantes tipos. Quando confrontados com resistência por parte das vítimas, estes indivíduos podem fugir, em lugar de forçar a vítima à submissão. As suas fantasias e comportamentos reflectem uma amálgama de excitação sexual, distorções cognitivas "machistas" relativas às mulheres e à sexualidade em geral, sentimentos de inadequação sexual e social, e preocupações com a auto-imagem masculina. Quando comparados com os restantes tipos, estes ofensores apresentam relativamente poucos problemas ao nível do controlo dos impulsos em outros domínios que não a agressão sexual.

6.7.4. *Violação Vingativa (Tipos 8 e 9)*

A característica fundamental e força motivacional primária para o tipo Vingativo é a raiva para com as mulheres. Contrariamente ao tipo Raiva Indistinta, para o violador Vingativo as mulheres são o foco central e exclusivo da sua raiva. As suas violações são marcadas por comportamentos fisicamente lesivos cuja intenção é degradar, diminuir e humilhar as vítimas. A raiva misógina evidente nestas violações pode ir desde a agressão verbal até ao homicídio brutal. Embora exista uma componente sexual nas suas ofensas, não existem indícios de que a agressão seja erotizada, nem de que os ofensores sejam afectados por fantasias sádicas. Pelo contrário, a agressão empregue na violação é muitas vezes instrumental, visando a concretização do objectivo principal do ofensor: a humilhação da vítima (por exemplo, forçar a vítima a praticar sexo oral). Os violadores vingativos também se distinguem dos tipos Raiva Indistinta e Sádico Manifesto pelo seu estilo de vida relativamente menos impulsivo, isto é, apresentam menos problemas relacionados com o controlo dos impulsos em outras áreas da sua vida (Prentky & Burgess, 2000).

6.8. Hazelwood

Hazelwood (1995 cit. in Flora, 2001) elaborou o seu modelo a partir da tipologia de Groth, Burgess e Holmstrom, distinguindo seis categorias: Validação de Poder, Asserção de Poder, Raiva-Retaliação, Raiva-Excitação, Oportunista e Violação em Grupo. O violador por Validação de Poder apresenta muitas das características de um indivíduo sexualmente perturbado, tais como sentimentos de inadequação no que respeita ao desempenho sexual, disfunção sexual, problemas relacionados com a masculinidade e com a orientação sexual. Geralmente não há uma intenção de infligir sofrimento à vítima; a força usada é limitada, procurando apenas conseguir a submissão e, por vezes, o agressor chega mesmo a pedir perdão pela agressão. O ataque ocorre ao anoitecer ou durante a noite e é premeditado. A vítima, seleccionada com antecedência, é desconhecida e situa-se na mesma faixa etária que o ofensor. Muitas vezes o ofensor retira a roupa da vítima, de forma a incorporar uma fantasia de desejo por parte da vítima.

No caso do violador por Asserção de Poder a violação constitui uma expressão da necessidade de controlar e dominar uma mulher. É utilizada alguma força no ataque e não há qualquer preocupação com o estado emocional da vítima. O ofensor tende a seleccionar vítimas com idades semelhantes à sua, e locais preferencialmente isolados para a prática do crime. As roupas podem ser arrancadas ou rasgadas como parte da fantasia, demonstrando a virilidade do agressor. O acto sexual pode ser repetido. Para evitar a comunicação às autoridades, as vítimas são por vezes abandonadas despidas e sem meio de transporte.

O violador motivado pela Raiva-Retaliação utiliza a violação como uma expressão da sua ira para com as mulheres. Este sentimento é demonstrado abertamente durante a agressão, que pode ser impulsiva e não planeada. É utilizada bastante força para dominar rapidamente a vítima e ganhar o controlo da situação, podendo ocorrer agressão física e espancamento. As vítimas são da mesma idade que o agressor ou mais velhas, e a disponibilidade da vítima é um factor preponderante na selecção: assim, o agressor pode seleccionar outras vítimas para representar sentimentos não resolvidos de hostilidade para com determinada mulher. As roupas da vítima podem ser rasgadas ou arrancadas, e é frequente o uso de linguagem ofensiva. Após a agressão, o ofensor vivencia um sentimento de calma.

Quando a motivação é a Raiva-Excitação, o agressor apresenta características de sadismo, obtendo prazer sexual ao infligir dor aos outros. A excitação depende do sofrimento físico e emocional da vítima, e o medo vivenciado pela vítima é sexualmente excitante para o agressor. Os ataques são premeditados e as vítimas são geralmente desconhecidas. Actos sexuais humilhantes e *bondage* são característicos destas ofensas, sendo as vítimas muitas vezes feridas ou torturadas. O ofensor pode registar parte da agressão sexual. Não há qualquer expressão de empatia para com a vítima ou qualquer tipo de remorso. Este tipo de violador é raro.

A violação do tipo Oportunista ocorre enquanto o ofensor está a cometer outro tipo de crime, como é o caso da invasão de propriedade e assalto a residência. Ao encontrar uma mulher sozinha decide agredi-la sexualmente. A motivação é sexual. Por fim, a Violação em Grupo acontece quando dois ou mais indivíduos estão envolvidos na agressão sexual a uma vítima. Habitualmente existe um líder e, nos casos em que existem três ou mais agressores, um deles tende a comportar-se de forma algo protectora para com a vítima.

Embora se verifiquem algumas semelhanças básicas entre os tipos fundamentais identificados nos diversos sistemas propostos, e as dimensões mais utilizadas na diferenciação dos tipos apresentem uma razoável capacidade discriminatória, a maioria destes sistemas não passa de modelos especulativos, com reduzida ou nenhuma evidência de validade ou fiabilidade. O seu potencial para elevar a eficácia das decisões clínicas relativas aos diversos níveis de intervenção não foi devidamente testado, e o seu contributo para o estudo da etiologia, do recidivismo e da adaptação ao longo da vida dos agressores sexuais foi, até à data, limitado (Knight & Prentky, 1990).

Outros destes sistemas, contudo, sobreviveram ao teste do tempo e da prática clínica, revelando-se válidos e fiáveis, com aplicações em diversos contextos, da avaliação à intervenção – tal é o caso, por exemplo, da tipologia de Groth e da MTC: R3. À semelhança de outros estudos que têm vindo a ser realizados, procuraremos estabelecer um paralelo entre os dados por nós obtidos e os tipos definidos pelos diferentes autores, sem esquecer as limitações deste tipo de sistema, nomeadamente ao nível dos chamados tipos puros.

PARTE B

PRÁTICA

7.
Material e Métodos

O presente estudo tem como objectivo geral a caracterização da população de indivíduos de nacionalidade portuguesa que se encontram actualmente (durante os anos de 2004 e 2005) a cumprir pena por crimes de violação, de vítimas adultas, nos Estabelecimentos Prisionais portugueses. Constituem objectivos específicos deste estudo a análise dos seguintes parâmetros:

1. Enquadramento sócio-demográfico (meio social de origem, profissão dos progenitores, percurso escolar e profissional, etc.).
2. Estudo anamnético (desenvolvimento psico-afectivo, vivência da socialização e da sexualidade, entre outros).
3. Avaliação psicológica dos violadores.
4. Antecedentes criminais e prisionais dos violadores.
5. Antecedentes de doença mental dos violadores e/ou dos seus familiares próximos.
6. Natureza e qualidade da relação ofensor – vítima.
7. Identificação de eventuais factores determinantes e/ou adjuvantes do crime de violação.
8. Papel do álcool e das drogas na ocorrência do crime.
9. Relação entre doença mental (nomeadamente parafilia) e violação.
10. Caracterização tipológica do violador.

7.1. Amostra

A amostra inicial era de 55 indivíduos, dos quais foram considerados apenas 38, por razões que explicitaremos adiante. Os sujeitos são provenientes de quatro estabelecimentos prisionais, dois no norte do país, um no centro e um no sul, não significando isto, contudo, que a sua proveniência geográfica seja a mesma. Todos se encontravam, à data da realização do presente estudo, condenados pelo crime de violação de mulheres adultas, tendo 35 indivíduos (92.1%) sido considerados imputáveis e 3 (7.9%) inimputáveis.

7.1.1. Variáveis Sócio-Demográficas

7.1.1.1. Afinidade Populacional

Todos os sujeitos eram de nacionalidade portuguesa; no que concerne à afinidade populacional dos elementos da amostra, verificou-se uma clara preponderância dos caucasóides (30 indivíduos, representando 78.9% da amostra), sendo os restantes indivíduos de raça negra (3 indivíduos, 7.9% da amostra) ou de etnia cigana (5 indivíduos, 13.2%).

7.1.1.2. Idade

A média de idades da amostra situou-se nos 32 anos, com um desvio padrão de 9.9. Os limites inferior e superior foram, respectivamente, 20 e 54 anos. Recorrendo a uma distribuição por intervalos de dez anos (ver figura 7.01.), obtemos uma representação gráfica que torna evidente uma certa assimetria dos valores em função das idades mais jovens.

7.1.1.3. Estado Civil

No que toca ao Estado Civil, verificou-se uma clara predominância dos indivíduos solteiros (50%), logo seguidos dos casados ou em união de facto, por oposto a um número marcadamente inferior de separados ou divorciados (ver tabela 7.01.).

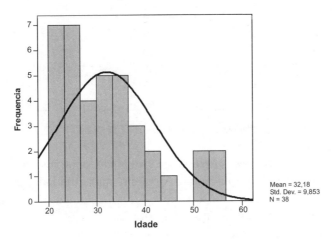

Figura 7.01. – Histograma das idades

	Frequência	Percentagem
Solteiro	19	50.0
Casado/União de Facto	13	34.2
Separado/Divorciado	6	15.8
Total	38	100.0

Tabela 7.01. – Estado Civil

7.1.1.4. Habilitações Literárias

Os sujeitos integrantes da amostra eram pouco diferenciados, tanto a nível académico como profissional. De facto, mais de 90% concluíram apenas o segundo ou terceiro ciclo do Ensino Básico, tendo apenas dois indivíduos concluído o Ensino Secundário (ver tabela 7.02.).

	Frequência	Percentagem	Percentagem Acumulada
Analfabeto / 1.º Ciclo E. B. inc.	11	28.9	28.9
1.º Ciclo E. B.	9	23.7	52.6
2.º ou 3.º Ciclo E. B.	16	42.1	94.7
Ensino Secundário	2	5.3	100.0
Total	38	100.0	

Tabela 7.02. – Habilitações Literárias

De acordo com os sujeitos, os principais motivos que os levaram a abandonar a escola foram o início da actividade profissional (14 sujeitos, 36.8% da amostra) e o descontentamento com a escola e/ou falta de aproveitamento (12 sujeitos, 31.6%). Sete sujeitos (18.4%) não especificaram o motivo que os levou a desistir dos estudos, um (2.6%) foi expulso da escola devido ao seu comportamento desviante e 4 (10.5%) nunca frequentaram a escola.

Durante o período em que frequentaram a escola, 26 sujeitos (68.4%) mantiveram uma relação funcional com os professores, por oposição a 8 (21.1%), cuja relação era pautada pelo conflito e pela provocação, com agressões verbais e, em alguns casos, físicas de parte a parte. No que diz respeito ao relacionamento com os colegas, este era harmonioso para 33 dos sujeitos (86.8%); apenas um (2.6%) o caracterizava como conflituoso, assumindo-se como um "bully". Os restantes 4 sujeitos (10.5%) nunca frequentaram a escola.

A escolaridade dos elementos da amostra parece reflectir a escolaridade dos pais: de facto, só um dos pais concluiu o Ensino Secundário (ver tabela 7.03.), e a totalidade das mães concluíram apenas o segundo ou terceiro ciclo do Ensino Básico (ver tabela 7.04.).

	Frequência	Percentagem	Percentagem Acumulada
Não sabe / Não responde	10	26.3	26.3
Analfabeto / 1.º Ciclo E. B. inc.	10	26.3	52.6
1.º Ciclo E. B.	13	34.2	86.8
2.º ou 3.º Ciclo E. B.	4	10.5	97.4
Ensino Secundário	1	2.6	100.0
Total	38	100.0	

Tabela 7.03. – Habilitações Literárias do Pai

	Frequência	Percentagem	Percentagem Acumulada
Não sabe	3	7.9	7.9
Analfabeta / 1.º Ciclo E. B. inc.	18	47.4	55.3
1.º Ciclo E. B.	13	34.2	89.5
2.º Ciclo E. B.	4	10.5	100.0
Total	38	100.0	

Tabela 7.04. – Habilitações Literárias da Mãe

7.1.1.5. Profissão

Conforme seria de esperar mediante tão reduzida escolaridade, verificou-se que mais de metade dos elementos da amostra (55.3%) eram profissionais do Sector Primário; 6 indivíduos (15.8%) exerciam profissões do Sector Secundário e 8 (21.1%) do Sector Terciário. Os restantes 3 elementos (7.9%) não exerciam qualquer profissão. Relativamente aos pais dos elementos da amostra, 12 (31.6%) eram profissionais do Sector Primário, 13 (34,2%) do Sector Secundário e 5 (13.2%) do Sector Terciário. Cinco pais (13.2%) não exerciam qualquer profissão e 3 elementos da amostra (7.9%) desconheciam a profissão do seu pai. No caso das mães, verificou-se que 19 (50%) eram domésticas, 4 (10.5%) exerciam profissões do Sector Primário, 5 (13.2%) do Sector Secundário e 10 (26.3%) do Sector Terciário.

Por outro lado, metade dos sujeitos da nossa amostra (50%) iniciou o seu percurso profissional entre os 14 e os 16 anos de idade; 26.3% iniciaram-no entre os 7 e os 13 anos, 21.1% entre os 17 e os 18 e um dos sujeitos afirmou não se recordar (ver tabela 7.05.).

	Frequência	Percentagem
Não sabe / Não responde	1	2.6
Entre os 7 e os 13 anos	10	26.3
Entre os 14 e os 16 anos	19	50.0
Entre os 17 e os 18 anos	8	21.1
Total	38	100.0

Tabela 7.05. – Idade de Início do Percurso Profissional

Já no que respeita ao sector em que iniciaram a sua actividade profissional, 25 indivíduos (65.8%) começaram pelo Sector Primário, 6 (15.8%) pelo Sector Secundário e 7 (18.4%) pelo Sector Terciário. A evolução laboral foi descrita como estável (dentro da mesma área, sem períodos de desemprego prolongados) por 32 indivíduos (84.2%), por oposição a 6 (15.8%) que a descreveram como instável. Relativamente à qualidade do desempenho laboral, 35 indivíduos (92.1%) consideraram o seu desempenho satisfatório, enquanto 3 (7.9%) o descreveram como insatisfatório. Finalmente, o relacionamento com os superiores foi considerado funcional por 31 sujeitos (81.6%), disfuncional (pautado pela conflitualidade de parte a parte) por 4 (10.5%), e os restantes 3 (7.9%) não tinham superiores; quanto aos colegas, 35 sujeitos (92.1%) mantinham um relacionamento harmonioso, com maior ou menor proximidade mas sem conflitos, enquanto 2 (5.3%) eram vítimas de uma relação conflituosa, e um (2.6%) não tinha colegas.

Assim, verificamos que a maior parte dos elementos constituintes da nossa amostra era de afinidade populacional caucasóide, tinha entre 20 e 30 anos, era solteiro e tinha concluído o 2.º ou 3.º Ciclos do Ensino Básico, abandonando os estudos entre os 14 e os 16 anos para iniciar uma actividade profissional, com clara predominância do sector primário.

7.1.2. Contexto Social e Familiar

7.1.2.1. Vivência Familiar

Uma porção substancial dos elementos da amostra (39.5%) provinha de um meio rural carenciado; 18.4% provinham de um meio rural não carenciado, 18.4% de um meio urbano carenciado e 23.7% de um meio urbano não carenciado (ver tabela 7.06.).

	Frequência	Percentagem
Meio rural, não carenciado	7	18.4
Meio rural, carenciado	15	39.5
Meio urbano, não carenciado	9	23.7
Meio urbano, carenciado	7	18.4
Total	38	100.0

Tabela 7.06. – Caracterização do Meio Social de Origem

Todos os indivíduos tinham irmãos, sendo o seu lugar na fratria predominantemente intermédio (44.7%). Doze indivíduos (31.6%) eram primogénitos e 9 (23.7%) eram os mais novos da fratria.

O ambiente familiar foi caracterizado como harmonioso por 29 sujeitos (76.3%). Os restantes 9 (23.7%) descreveram lares marcados pelo conflito, pelos maus-tratos físicos e psicológicos, num registo claramente disfuncional. Questionados acerca do relacionamento dos pais, enquanto casal, 6 sujeitos (15.8%) referiram ser filhos de pais divorciados, que não mantinham qualquer tipo de relacionamento; 24 (63.2%) descreveram um relacionamento harmonioso, afectuoso e sem conflitos graves; os restantes 8 (21.1%) relataram maus-tratos, físicos e psicológicos, num relacionamento pautado pelo conflito.

O relacionamento dos sujeitos constituintes da amostra com os seus pais foi caracterizado como harmonioso pela maioria (26 sujeitos, 68.4% da amostra), sendo que apenas 2 sujeitos (5.3%) mantinham com estes uma relação conflituosa. Os restantes 10 (26.3%) descreveram as suas figuras paternas como "ausentes". No que diz respeito às suas mães, 34 sujeitos (89.5%) mantinham um relacionamento harmonioso e afectuoso, 2 (5.3%) descreveram o seu relacionamento como conflituoso e os restantes 2 (5.3%) como ausente. Por fim, o relacionamento com os irmãos foi caracterizado como harmonioso por 33 sujeitos (86.8%), como conflituoso por 4 (10.5%) e como ausente por um dos sujeitos (2.6%).

7.1.2.2. Vivência Social

Ao nível das competências sociais, verificou-se que 27 sujeitos (71.1%) se consideravam indivíduos sociáveis, contra apenas 11 (28.9%) que se definiram como solitários, isolados. Para 33 sujeitos (86.8%) sempre foi fácil estabelecer contacto interpessoal, enquanto 5 (13.2%) sentiram dificuldades nessa área. Finalmente, 28 sujeitos (73.7%) afirmaram manter um círculo relacional vasto, mantendo-se cercados de amigos e conhecidos, optando os restantes 10 (26.3%) por um círculo mais restrito, composto apenas por amigos mais próximos, "com provas dadas de lealdade" (sic.).

7.1.2.3. Vivência Afectiva/Amorosa

Dois elementos da nossa amostra afirmaram nunca ter tido um relacionamento íntimo, de carácter amoroso, com uma mulher, tendo um deles referido não necessitar de namoradas uma vez que tinha a sua mãe. Catorze sujeitos descreveram um ou mais relacionamentos longos e estáveis; 4 mencionaram uma série, mais ou menos numerosa, de relacionamentos curtos e superficiais, enquanto 18 afirmaram manter um relacionamento longo e estável, a par do qual se sucediam múltiplos envolvimentos, de carácter breve e superficial (ver tabela 7.07.).

	Frequência	Percentagem
Ausente	2	5.3
Padrão de relacionamentos longos e estáveis	14	36.8
Padrão de relacionamentos curtos e superficiais	4	10.5
Padrão de envolvimentos múltiplos a par de relacionamento longo e estável	18	47.4
Total	38	100.0

Tabela 7.07. – Vivência Afectiva/Amorosa

Constatamos, portanto, que a maioria dos sujeitos provinha de um meio rural carenciado, tinham irmãos mais novos e mais velhos e um ambiente familiar harmonioso, sem conflitos graves nem maus-tratos. Tratavam-se, sobretudo, de indivíduos sociáveis, com uma vida afectiva pautada pela diversidade de envolvimentos superficiais paralelos a um relacionamento estável e duradouro.

7.1.3. História Médica

Neste apartado iremos incluir as variáveis que dizem respeito à saúde física e mental dos sujeitos, bem como historial de consumos.

7.1.3.1. Antecedentes de Doença Física

Na grande maioria dos casos (31 sujeitos, 81.6% da amostra), não existiam antecedentes médicos relevantes; 2 sujeitos (5.3%) eram seropositivos, 1 (2.6%) padecia de Hepatite C e os restantes 4 (10.5%) de outras patologias diversas.

7.1.3.2. Antecedentes de Doença Mental

Os dados recolhidos junto dos processos individuais dos elementos da amostra apontavam para a ausência de patologia mental em 19 indivíduos (50%); dos restantes, 11 (28.9%) padeciam de Deficiência Mental, 4 (10.5%) de Perturbações da Personalidade, 2 (5.3%) de Psicose, e 2 (5.3%) de outras perturbações. Na maioria dos casos (34 indivíduos, representando 89.5% da amostra), não foi possível identificar qualquer tipo de psicopatologia por parte do pai; os restantes 4 indivíduos (10.5%) referiram a presença de patologia mental, cuja natureza não souberam precisar, e que nunca, tanto quanto se recordavam, tinha sido objecto de tratamento. O mesmo se verificou em relação à mãe: ausência de psicopatologia em 34 dos casos (89.5%), psicopatologia não especificada e sem tratamento nos restantes 4 (10.5%). No que concerne à família próxima (avós, tios, irmãos ou primos em primeiro grau), 30 sujeitos (78.9%) referiram não existirem quaisquer antecedentes; 5 (13.2%) tinham um ou mais familiares com Deficiência Mental, e 3 (7.9%) afirmaram ter familiares próximos com patologia mental mas não souberam especificar a sua natureza.

7.1.3.3. Comportamentos Aditivos

No que diz respeito ao consumo de substâncias, 13 sujeitos afirmaram consumir apenas álcool em excesso e 7 apenas drogas; 8 afirmaram consumir álcool e drogas e 10 negaram quaisquer consumos (ver tabela 7.08.).

	Frequência	Percentagem
Ausentes	10	26.3
Álcool	13	34.2
Drogas	7	18.4
Álcool e Drogas	8	21.1
Total	38	100.0

Tabela 7.08. – Comportamentos Aditivos

Os pais dos sujeitos, em 23 dos casos (60.5%) não consumiam qualquer tipo de substâncias; 13 (34.2%) consumiam álcool e 2 (5.3%) drogas. As mães, na sua esmagadora maioria (34 casos, 89.5% da amostra) não consumiam quaisquer substâncias, sendo que apenas 4 (10.5%) consumiam álcool.

Em suma, pode dizer-se que, na sua maioria, os sujeitos da nossa amostra não apresentaram qualquer patologia física ou mental, à semelhança do que se verificou com os seus familiares. O mesmo não se constatou, contudo, ao nível dos comportamentos aditivos, sendo que a maioria dos sujeitos consumia álcool em excesso, drogas ou ambos, contrariamente ao que relatavam acerca dos seus pais.

7.1.4. Circunstâncias Envolventes à Data do Crime

7.1.4.1. Vida Profissional

Questionados acerca da sua vida profissional à data do crime, 30 sujeitos (78.9%) descreveram-na como estável, 4 (10.5%) como frustrante ou conflituosa, marcada pela fraca produtividade ou vencimento, ou pela má relação com superiores e/ou colegas, e os restantes 4 (10.5%) encontravam-se desempregados.

7.1.4.2. Vida Familiar

De acordo com os sujeitos, na maioria dos casos (25 sujeitos, 65.8%) a sua vida familiar encontrava-se estável, sem quaisquer alterações, aquando da prática do crime; 7 (18.4%) relataram um período particularmente conflituoso e 6 (15.8%) descreveram um afastamento mais ou menos generalizado, por parte do próprio sujeito ou dos familiares.

7.1.4.3. Vida Social

A vida social da maioria dos sujeitos (31 sujeitos, 81.6%) à data do crime encontrava-se estável, não constituindo para estes uma fonte de conflito ou frustração; os restantes 7 (18.4%) consideram que atravessavam um período de isolamento, voluntário ou não.

7.1.4.4. Consumos

Uma parte substancial dos sujeitos afirmou não ter consumido quaisquer substâncias nos dias que precederam a prática do crime; 8 consumiram álcool, nas mesmas doses e com a frequência habitual, 2 consumiram drogas como habitualmente, e 3 mantiveram o seu consumo de álcool e drogas. Em contrapartida, 7 sujeitos referiram ter consumido mais álcool, 4 mais drogas e 2 mais álcool e drogas que o habitual (ver tabela 7.09.).

	Frequência	Percentagem
Ausentes	12	31.6
Álcool, como habitual	8	21.1
Drogas, como habitual	2	5.3
Álcool e Drogas, como habitual	3	7.9
Álcool, mais que o habitual	7	18.4
Drogas, mais que o habitual	4	10.5
Álcool e Drogas, mais que o habitual	2	5.3
Total	38	100.0

Tabela 7.09. – Consumos no Período que Precedeu o Crime

7.1.4.5. Estado Psíquico em Geral

No período que precedeu a prática do crime, 18 dos sujeitos (47.4%) afirmaram não ter notado quaisquer alterações no seu estado psíquico, nem quaisquer oscilações de humor significativas. Onze sujeitos (28.9%), por seu lado, descreveram um estado de ansiedade generalizada, com marcada irritabilidade e agitação, enquanto 9 (23.7%) referiram um estado de humor deprimido, caracterizado pela tristeza e frustração.

De acordo com os relatos dos sujeitos, não ocorreu, portanto, nenhuma alteração relevante em nenhumas das principais áreas das suas vidas, excepto no seu estado psíquico em geral.

7.1.5. Variáveis Jurídico-Penais

7.1.5.1. Antecedentes Criminais/Prisionais

A maioria dos sujeitos (23 sujeitos, 60.5% da amostra) não tinha antecedentes criminais; 4 (10.5%) já tinham cumprido pena por crimes não violentos (crimes do tipo aquisitivo, tráfico de estupefacientes, entre outros), 2 (5.3%) por crimes violentos e 9 (23.7%) por crimes sexuais, maioritariamente violação. Os pais dos sujeitos, na sua maioria (30 casos, 78.9% da amostra) não tinham antecedentes criminais; apenas 8 (21.1%) já tinham cumprido pena por crimes não violentos. Também as mães, em 33 dos casos (86.8%) não tinham antecedentes criminais, tendo 5 (13.2%) cumprido pena por crimes não violentos, sobretudo tráfico de estupefacientes. No que diz respeito à restante família, 24 sujeitos (63.2%) afirmaram não ter familiares próximos com antecedentes criminais; 9 (23.7%) tinham familiares que haviam cumprido pena por crimes não violentos, 3 (7.9%) por crimes violentos e 2 (5.3%) por crimes sexuais.

7.1.5.2. Inserção e Comportamento em Meio Prisional

A adaptação ao meio prisional decorreu sem incidentes para 16 sujeitos (42.1%); 17 (44.7%) relataram alguns conflitos iniciais, nos primeiros meses, que entretanto foram superados e deram lugar a uma convivência mais ou menos harmoniosa. Para os restantes 5 (13.2%), o dia-a-dia no Estabelecimento Prisional é marcado pelo conflito, envolvendo tanto os guardas como os restantes reclusos.

7.1.5.3. Visitas

A maioria dos sujeitos (27 sujeitos, 71.1% da amostra) recebia visitas dos seus familiares, 6 (15.8%) eram visitados por familiares e amigos e 5 (13.2%) não recebiam quaisquer visitas. Há que encarar estes números com algumas reservas, dado que um dos estabelecimentos prisionais, de onde provém uma porção substancial da nossa amostra, permite visitas apenas dos familiares dos reclusos.

7.1.5.4. Apoio Familiar e/ou Social

Apenas um dos sujeitos (2.6%) não tinha qualquer apoio por parte de familiares ou amigos, em boa medida por ter optado pelo secretismo relativamente à sua reclusão. Dos restantes 37 sujeitos, 24 (63.2%) afirmaram ter apoio, quer por parte da família quer dos amigos, e 13 (34.2%) referiram ser apoiados pela família mas não pelos amigos.

7.1.5.5. Acompanhamento Psicológico e/ou Psiquiátrico em Meio Prisional

No que concerne ao acompanhamento em meio prisional por parte de profissionais de saúde mental, designadamente psicólogos e médicos psiquiatras, 24 sujeitos (63.2%) negaram alguma vez ter recebido qualquer tipo de acompanhamento, enquanto 11 (28.9%) referiram ser acompanhados regularmente e 3 (7.9%) de forma irregular, esporádica.

Verificou-se, assim, que a maior parte dos elementos da amostra não tinha antecedentes criminais ou prisionais, pessoais ou familiares; a sua adaptação ao meio prisional decorreu sem problemas de maior, recebiam apoio familiar e social, com visitas por parte dos familiares, e não eram objecto de acompanhamento psicológico ou psiquiátrico.

7.1.6. Circunstâncias do Crime

7.1.6.1. Local do Crime

De acordo com os dados constantes dos processos e com as descrições fornecidas pelos sujeitos, 21 crimes (55.3%) foram cometidos em meio urbano, tendo os restantes 17 (44.7%) sido cometidos em meio rural. Relativamente ao local onde os crimes foram cometidos, verificou-se que 22 (57.9%) foram perpetrados na via pública, 10 (26.3%) no domicílio da vítima, 2 (5.3%) em lugar ermo e 4 (10.5%) em outros locais diversos.

7.1.6.2. Premeditação

A maioria dos crimes (24, representando 63.2% da amostra) foi claramente premeditada, conforme dados processuais e descrições dos sujeitos, enquanto 9 (23.7%) não o foram e 5 (13.2%) nos deixam sérias dúvidas, não existindo dados suficientes para fundamentar a presença ou ausência de premeditação.

7.1.6.3. Prática Concomitante de Outros Crimes

Em 23 dos casos (60.5%), o sujeito praticou os crimes de violação isoladamente; 3 violações (7.9%) foram seguidas do assalto e 2 (5.3%) do homicídio das vítimas tendo, ainda, 10 violações (26.3%) sido perpetradas em sequência de assaltos.

7.1.6.4. Utilização de Facilitadores

Vinte dos crimes (52.6%) foram praticados sem a utilização de quaisquer armas para facilitar a submissão das vítimas, tendo 11 sujeitos (28.9%) optado pelas armas brancas e 7 (18.4%) pelas de fogo.

7.1.6.5. Uso de Força Física

A força física empregue na prática dos crimes foi instrumental (apenas a necessária para assegurar a submissão da vítima) em 17 crimes (44.7%), excessiva ou expressiva em 17 crimes (44.7%), e nos restantes 4 (10.5%), por não oposição de resistência por parte da vítima, por esta se submeter face à ameaça ou à exibição de uma arma branca ou de fogo, não foi utilizada qualquer força física (além daquela inerente ao acto sexual).

7.1.6.6. Influência de Substâncias

Mais de metade dos crimes (20, representando 52.6% da amostra) foram praticados sem que o sujeito se encontrasse sob influência de substâncias. Em 9 casos (23.7%), o autor do crime encontrava-se alcoolizado, em 2 (5.3%) sob o efeito de drogas e em 7 (18.4%), combinaram-se os efeitos do álcool com os das drogas.

7.1.6.7. Comportamento Após a Prática do Crime

Em sequência da prática do crime, 29 sujeitos (76.3%) colocaram-se em fuga, abandonando a vítima no local do crime; 6 (15.8%) transportaram a vítima para outro local e só então se colocaram em fuga e 3 (7.9%) optaram por permanecer no local onde perpetraram o crime.

7.1.6.8. Atitudes para com a Vítima Após a Prática do Crime

Questionados acerca das atitudes para com a vítima após a prática do crime, 31 sujeitos (81.6%) afirmaram não ter tomado qualquer atitude, limitando-se a abandonar o local. Quatro sujeitos (10.5%) referiram ter mantido o seu comportamento normal, agindo da mesma forma para com a vítima (nestes casos sua conhecida) como se nada se tivesse passado, enquanto 2 (5.3%) recorreram à ameaça de morte para assegurar o silêncio acerca do crime praticado. Um dos sujeitos (2.6%) recusou responder.

7.1.6.9. Sinais Aparentes de Arrependimento ou Remorsos

No que concerne ao sentimento de remorso ou arrependimento, 15 sujeitos (39.5%) expressaram claramente a sua ausência; 10 sujeitos (26.3%) mostraram-se visivelmente arrependidos e os restantes 13 (34.2%) expressaram verbalmente um remorso que, nitidamente, não sentiam (expressão emocional incongruente/superficial).

7.1.6.10. Valorização dos Actos Cometidos

Em retrospectiva, 15 sujeitos consideraram que os actos praticados constituíram um erro, com consequências nefastas nas suas vidas (sem qualquer menção ao impacto do crime na vítima); apenas 3 sujeitos descreveram o crime como um erro, cujas repercussões negativas afectaram tanto as suas vidas como as das vítimas. Cinco sujeitos afirmaram que o sucedido apenas em parte foi errado: a relação sexual nada tinha de errado, mas as circunstâncias envolventes, como o local, possíveis testemunhas, o cônjuge da vítima, entre outras, eram erradas. Para 5 sujeitos, não existia justificação possível para o "mau momento" em que praticaram o crime, e para os restantes 10 nada havia a lamentar, uma vez que nada de errado acontecera (ver tabela 7.10.).

	Frequência	Percentagem
Um erro, com consequências nefastas na vida do sujeito	15	39.5
Um erro, com consequências nefastas na vida do suj. e da vit.	3	7.9
Em parte foi errado	5	13.2
Um mau momento, sem justificação possível	5	13.2
Nada há a lamentar porque nada aconteceu	10	26.3
Total	38	100.0

7.10. *Valorização dos Actos Cometidos*

7.1.6.11. Sentimentos Actuais Face à Vítima

À data da realização da entrevista, 14 sujeitos (36.8%) afirmaram não nutrir pelas suas vítimas qualquer tipo de sentimento, enquanto 12 (31.6%) referiram sentir pena, 9 (23.7%) sentir raiva e 3 (7.9%) amizade ou amor.

Pouco mais de metade dos crimes foram perpetrados em meio urbano, sendo a via pública o local mais frequente; a maioria dos crimes foi premeditada, sem outros crimes concomitantes, sem influência de substâncias e sem utilização de armas brancas ou de fogo, apenas força física usada de forma instrumental. Após a prática do crime, a maior parte dos sujeitos colocou-se em fuga, sem tomar qualquer tipo de atitude para com a vítima; no momento da entrevista, não expressaram maioritariamente remorsos nem nutriam quaisquer sentimentos positivos pela vítima e, embora considerassem o crime um erro, apenas mencionaram as suas consequências negativas nas suas próprias vidas.

7.1.7. *Características da Vítima*

7.1.7.1. Género

Todas as vítimas eram do sexo feminino.

7.1.7.2. Afinidade Populacional

Apenas uma das vítimas era negróide, sendo as restantes de afinidade populacional caucasóide.

7.1.7.3. Idade

Uma vez que o presente estudo se centra nos agressores e não nas vítimas, e para efeitos de tratamento dos dados, embora onze agressores tivessem violado mais do que uma vítima, no cálculo que fizemos das idades consideramos apenas uma faixa etária para cada agressor, recorrendo à média aritmética das idades das vítimas que, para cada agressor, não divergiam de forma significativa. Para 5 dos sujeitos (13.2%), dada a escassez dos registos constantes dos processos, não foi possível apurar a idade das vítimas.

Assim, 2 sujeitos violaram mulheres menores de 20 anos; 17 cometeram os seus crimes contra vítimas entre os 21 e os 30 anos de idade; 3 contra mulheres entre os 31 e os 40 anos de idade; 5 contra vítimas entre os 41 e os 50 anos de idade; 1 contra mulheres entre os 51 e os 60 anos de idade e 5 contra vítimas maiores de 61 anos (ver tabela 7.11.).

	Frequência	Percentagem	Percentagem Acumulada
Não apurado	5	13.2	13.2
Menos de 20 anos	2	5.3	18.4
Entre 21 e 30 anos	17	44.7	63.2
Entre 31 e 40	3	7.9	71.1
Entre 41 e 50	5	13.2	84.2
Entre 51 e 60	1	2.6	86.8
Mais de 61 anos	5	13.2	100.0
Total	38	100.0	

Tabela 7.11. – Idade das Vítimas

7.1.7.4. Número de Vítimas

A maioria dos sujeitos (30 sujeitos, representando 78.9% da amostra) violou apenas uma vítima, enquanto os restantes 8 (21.1%)

fizeram várias vítimas, perfazendo assim um total de 67 vítimas para 38 ofensores (ver Tabela 7.12.).

	Frequência	Percentagem
1 Vítima	30	78.9
2 Vítimas	1	2.6
4 Vítimas	2	5.3
8 Vítimas	1	2.6
9 Vítimas	3	7.9
11 Vítimas	1	2.6
Total	38	100.0

Tabela 7.12. – Número de Vítimas por Ofensor

7.1.7.5. Relação com a(s) Vítima(s)

No que respeita à natureza da relação do agressor com a vítima, 18 (47.4%) sujeitos afirmaram ter cometido os seus crimes contra mulheres que lhes eram desconhecidas; 14 (36.8%) conheciam circunstancialmente as suas vítimas; 3 (7.9%) eram amigos das vítimas, 1 (2.6%) era seu familiar próximo e 2 (5.3%) eram actuais ou antigos companheiros ou cônjuges das vítimas.

A qualidade da relação mantida com as vítimas foi descrita como inexistente (totalmente desconhecida) por 18 sujeitos (47.4%), como superficial por 12 (28.9%), como próxima por 4 (10.5%) e como íntima, com historial de contactos sexuais anteriores ao crime, por 5 sujeitos (13.2%).

7.1.7.6. Comportamento da Vítima Antes da Prática do Crime

De acordo com os dados constantes dos acórdãos, em 15 casos as vítimas caminhavam sozinhas pela via pública; em 7 casos encontravam-se no interior de um automóvel imobilizado na via pública; em 8 casos estavam a dormir no interior das suas casas e nos restantes 8 verificaram-se circunstâncias diversas (ver tabela 7.13.).

Material e métodos 95

	Frequência	Percentagem
Circulava a pé sozinha na via pública	15	39.5
Encontrava-se dentro de 1 veículo imobilizado na via pública	7	18.4
Encontrava-se a dormir no interior do seu domicílio	8	21.1
Outros	8	21.1
Total	38	100.0

Tabela 7.13. – Comportamento da Vítima Antes da Prática do Crime
Conforme Dados dos Acórdãos

	Frequência	Percentagem
Não sabe / Não responde	6	15.8
Comportamento Provocador	11	28.9
Comportamento Negligente	1	2.6
Comportamento Normal	20	52.6
Total	38	100.0

Tabela 7.14. – Comportamento da Vítima Antes do Crime Conforme
Percepção do Agressor

Na perspectiva dos sujeitos, por outro lado, o comportamento das vítimas foi encarado de forma diversa; de facto, 11 sujeitos consideraram que a vítima se comportou de forma provocadora, um considerou que a vítima foi negligente e 20 descreveram o comportamento da vítima como "normal". Os restantes 6 sujeitos optaram por não responder (ver tabela 7.14.).

7.1.7.7. Comportamento da Vítima Durante a Prática do Crime

Os dados recolhidos junto dos processos, mais especificamente dos acórdãos, permitiram-nos constatar que, na maioria dos casos (32 casos, representando 84.2% da amostra) as vítimas opuseram resistência, sendo que em apenas 6 casos (15.8%) tal não se verificou.

Tal como no ponto anterior, a percepção do agressor foi algo diversa: 15 sujeitos (39.5%) afirmaram que as suas vítimas tentaram resistir; 5 (13.2%) consideraram que as vítimas colaboraram; 5 (13.2%) referiram que as vítimas tentaram resistir mas rapidamente se resignaram, e os restantes 13 (34.2%) não responderam.

7.1.7.8. Percepção pelo Violador da Forma como a Vítima Vivenciou o Crime

Em relação à vivência do crime por parte da vítima, 12 sujeitos (31.65%) consideraram que esta não sofreu; 10 (26.3%) referiram que "deve ter sofrido", embora sem grande convicção; 7 (18.4%) afirmaram que a vítima sofreu e 2 (5.3%) que sofreu muito; 7 (18.4%) não quiseram responder.

Conforme se verificou, todas as vítimas eram do sexo feminino e a maioria era de afinidade populacional caucasóide. A maior parte dos sujeitos perpetrou o seu crime contra uma única vítima, com idade compreendida entre os 21 e os 30 anos, desconhecida do sujeito até então, que caminhava sozinha pela via pública. Durante a prática do crime, na maioria dos casos, a vítima opôs resistência; apesar disso, a maior parte dos sujeitos considera que a vítima não sofreu.

7.1.8. Perspectivas Futuras

7.1.8.1. Residência

A maioria dos sujeitos (18) afirmou pretender retomar a residência anterior aquando da sua libertação; 6 sujeitos referiram que, embora não mantivessem a mesma residência, pretendiam residir na mesma localidade; 8 pretendiam mudar de localidade e 6 mudar de país (ver tabela 7.15.).

	Frequência	Percentagem
Retomar residência anterior	18	47.4
Mudar de residência, na mesma localidade	6	15.8
Mudar de localidade	8	21.1
Ir para o Estrangeiro	6	15.8
Total	38	100.0

Tabela 7.15. – Previsão de Residência Futura

7.1.8.2. Vida Profissional

Em termos profissionais, 18 sujeitos afirmaram pretender retomar o emprego que tinham antes do crime; 13 pretendiam procurar outro emprego, na mesma área profissional, enquanto 5 optavam por mudar de profissão e/ou montar negócio por conta própria; os restantes 2 não tinham ainda reflectido sobre o assunto, não tendo quaisquer perspectivas nesse âmbito (ver tabela 7.16.).

	Frequência	Percentagem
Retomar o emprego anterior	18	47.4
Procurar outro emprego na mesma área profissional	13	34.2
Mudar de profissão / Montar negócio por conta própria	5	13.2
Sem perspectivas	2	5.3
Total	38	100.0

Tabela 7.16. – Previsão de Vida Profissional Futura

7.1.8.3. Vida Familiar

No que concerne à sua vida familiar, 32 sujeitos (84.2%) afirmaram não prever alterações, sendo apenas 6 (15.8%) os que consideravam a hipótese de um afastamento por parte dos seus familiares.

7.1.8.4. Vida Social

Vinte sujeitos (52.6%) não previram alterações na sua vida social; 7 (18.4%) referiram a possibilidade de afastamento de alguns amigos, mas não de todos, e 11 (28.9%) previram o afastamento generalizado dos seus amigos e conhecidos.

7.1.8.5. Atitudes para com a Vítima

Face às suas vítimas, 28 sujeitos (73.7%) afirmaram não pretender tomar qualquer atitude; 5 (13.2%) afirmaram pretender pedir desculpas; 2 (5.3%) referiram tencionar conversar com ela, de forma a manter o relacionamento que tinham antes do crime, e 3 (7.9%) juraram vingança por aquilo que consideram "falsas acusações" (sic.).

Assim, aquando da sua libertação, a maioria dos elementos da nossa amostra afirmou pretender manter a sua residência e emprego anteriores à prática do crime, não prevendo alterações na sua vida familiar e social e não pretendendo tomar quaisquer atitudes para com a vítima.

7.2. Materiais

7.2.1. Entrevista

As entrevistas semi-estruturadas foram realizadas com base num questionário por nós elaborado, constante de cerca de cem questões. Na elaboração deste questionário procurámos recolher os dados necessários a um conhecimento exaustivo não só do ofensor, através do estudo dos seus antecedentes familiares, pessoais, escolares, profissionais e relacionais, mas também das circunstâncias envolventes do crime, tais como as características do meio, o local, data e hora em que este foi praticado, conhecimento prévio da vítima, natureza do relacionamento com a vítima, circunstâncias psicopatológicas do ofensor e da vítima, uso de armas, álcool ou drogas como facilitadores da prática do crime, entre outros. Foram parâmetros de avaliação/ /caracterização:

1. Antecedentes familiares (lugar na fratria, escolaridade e profissão dos pais, relacionamento com os diferentes elementos da família de origem, antecedentes psiquiátricos e criminais/ /judiciais, consumos, conceito social);
2. Percurso escolar;
3. Percurso profissional;
4. Desenvolvimento pessoal (caracterização do meio social envolvente, do ambiente familiar e da inserção do indivíduo, vivência da socialização, vivência afectiva/amorosa, história médica, antecedentes psiquiátricos, criminais/judiciais, consumos);
5. Período anterior à prática do crime (vida familiar, profissional e social, acompanhamento médico/cumprimento de medicação, consumos, estado psíquico em geral);

6. Crime (data, hora, local, motivação, circunstâncias, testemunhas, comportamento anterior e posterior à ocorrência, selecção da vítima, uso de armas/álcool/drogas como facilitadores);
7. Vítima (género, idade, afinidade populacional, natureza e qualidade da relação, estado civil, profissão, residência, consumos, deficiências ou doenças físicas ou mentais, papel desempenhado no desenrolar dos eventos que culminaram com o crime, comportamento imediatamente antes, durante e após o crime, percepção e vivência do ocorrido, atitudes para com a vítima após a prática do crime);
8. Situação actual (percepção/valorização do acto cometido, sentimentos face à vítima, sinais aparentes de arrependimento ou remorsos, adaptação ao meio prisional, apoio familiar e social, visitas, acompanhamento psicológico/psiquiátrico);
9. Perspectivas futuras (residência, vida familiar, profissional e social, atitudes para com a vítima).

A quantidade e diversidade dos dados recolhidos permitiu-nos uma visão mais global de cada um dos indivíduos, assim como um conhecimento mais aprofundado da sua vivência, desde a infância até ao momento actual. Contudo, optámos por não trabalhar todos os dados recolhidos, centrando-nos naqueles que se nos afiguraram como mais relevantes e mais fiáveis do ponto de vista da fundamentação. Assim, aquelas questões que apelavam ao juízo subjectivo, à opinião do indivíduo relativamente a terceiros (que não as vítimas) e que não tivemos oportunidade de complementar através de outras fontes, como os processos existentes nos Estabelecimentos Prisionais, foram retiradas. Da mesma foram, foram também excluídas questões às quais muitos dos indivíduos não sabiam responder com precisão, como é o caso do número de reprovações sofridas no curso da escolaridade, por exemplo.

7.2.2. Instrumentos de Avaliação Psicométrica

A partir da revisão de literatura realizada, e tendo em atenção as características descritas pelos diferentes autores e atribuídas aos diferentes tipos e categorias de violadores, seleccionamos um conjunto de provas psicométricas que se nos afiguraram como as mais apropriadas para, por um lado, nos transmitirem uma visão global da personalidade do violador nos seus mais diversos aspectos como, por outro lado, nos permitirem analisar aspectos específicos destes indivíduos, comparando-os com os tipos descritos pelos diversos autores.

7.2.2.1. Minnesota Multiphasic Personality Inventory 2 (M. M. P. I. 2)

Um dos instrumentos mais utilizados na prática clínica e forense, dada a sua elevada fiabilidade e robustez, o MMPI-II é composto por quinhentos e sessenta e sete itens, que se agrupam em quatro escalas de validade (Dúvida, Mentira, Incoerência e Correcção), dez escalas clínicas (Hipocondria, Depressão, Histeria de Conversão, Desvio Psicopático, Masculinidade – Feminilidade, Paranóia, Psicastenia, Esquizofrenia, Hipomania e Introversão Social) e quinze escalas de conteúdo (Ansiedade, Medos, Obsessão, Depressão, Preocupações com a Saúde, Pensamento Bizarro, Hostilidade, Cinismo, Condutas Anti-Sociais, Comportamento Tipo A, Baixa Auto-Estima, Mal-Estar Social, Problemas Familiares, Interferência Laboral e Indicadores Negativos de Tratamento), para além de diversos índices adicionais. As questões são apresentadas num caderno de teste, cabendo ao sujeito assinalar na folha de registo a opção seleccionada: "Verdadeiro" ou "Falso". As pontuações brutas de cada escala são convertidas em notas T mediante construção de um perfil, permitindo assim uma série de comparações entre as escalas. É o padrão destes resultados que é posteriormente interpretado (Friedman, Lewak, Nichols, & Webb, 2001).

As escalas de validade (Dúvida, Mentira, Incoerência e Correcção) foram desenvolvidas com a finalidade de auxiliar o examinador no reconhecimento de protocolos produzidos por sujeitos com atitudes de não colaboração ou de simulação, com dificuldades na leitura ou na compreensão dos itens. No que concerne as escalas clínicas, o seu objectivo primordial é a identificação do tipo e da gravidade dos diferentes quadros psicopatológicos (Friedman et al., 2001).

Uma vez que este inventário não se encontra ainda aferido para a população portuguesa, a interpretação dos resultados obtidos no contexto da presente investigação seguiu uma orientação qualitativa, traçando-se os perfis e analisando-se a elevação relativa de cada uma das sub-escalas, sem recurso a quaisquer valores normativos relativos a outras populações.

7.2.2.2. Inventário Clínico de Auto-Conceito de Vaz Serra

Uma das definições possíveis para o Auto-Conceito é apresentada por Gecas (1982 cit. in Serra, 1986): para este autor, auto--conceito é o conceito que o indivíduo faz de si próprio como um ser físico, social e espiritual ou moral. Tal conceito encontra as suas raízes na Psicologia do Eu, mais concretamente no trabalho de William James. Este autor considerava que, para conseguir um verdadeiro conhecimento do Eu, era necessário ter em conta não apenas os seus constituintes, mas também as emoções e os sentimentos por estes evocados, assim como os actos por eles preparados. Desde então que se admite estarem associados ao auto-conceito aspectos cognitivos, afectivos e motores, que contribuem para a sua definição (Serra, 1986).

De acordo com Serra (1986), o auto-conceito deve ser compreendido como a percepção que cada indivíduo tem de si mesmo nas suas mais variadas facetas, ao nível social, emocional, físico ou académico. Trata-se de um constructo hipotético, inferido ou construído a partir de acontecimentos pessoais, cujo carácter integrador permite o reconhecimento da unidade, da identidade pessoal e da coerência do comportamento do indivíduo, independentemente das influências do meio envolvente. O auto-conceito desempenha, assim, um relevante papel a nível individual, associado à motivação, às necessidades, às atitudes, à personalidade e, mais concretamente, à relação que o indivíduo estabelece como o meio circundante. Desta forma, o significado do auto-conceito na vida quotidiana é considerável, sobretudo no que diz respeito às manifestações inadequadas do comportamento. Este constructo é particularmente útil na descrição, explicação e predição do comportamento humano, para além da compreensão da forma como o indivíduo se percebe e considera a si próprio.

O Inventário Clínico de Auto-Conceito destina-se essencialmente, tal como o nome indica, a uso clínico, excluindo deliberadamente algumas das dimensões do auto-conceito descritas na literatura e centrando-se nos dados relativos ao auto-conceito social e emocional. Trata-se de uma escala de tipo Lickert, constituída por vinte itens ou atributos capazes de descrever um indivíduo; para cada um dos itens, o sujeito deve assinalar a resposta que lhe parece mais adequada, de forma a reflectir em que medida crê possuir aquele atributo. As opções de resposta são "Não concordo", "Concordo pouco", "Concordo moderadamente", "Concordo muito" e "Concordo muitíssimo".

Os vinte itens da escala distribuem-se por quatro factores, o primeiro dos quais relacionado com a aceitação ou rejeição social; o segundo factor abrange os aspectos associados à confrontação e resolução de problemas e dificuldades, ou seja, a auto-eficácia. Um terceiro factor diz respeito à maturidade psicológica e auto-afirmação, enquanto o quarto e último factor se relaciona com a impulsividade e actividade. Os valores normativos para a população portuguesa são de 72 para o auto-conceito total, de 15.87 (D. P. 3) para o primeiro factor, de 22 (D. P. 3) para o segundo, de 14 (D. P. 3) para o terceiro e de 11.82 (D. P. 2) para o quarto factor (Serra, Firmino & Ramalheira, 1988).

7.2.2.3. Escala IPC de Levenson

A escala IPC (Internal, Powerful Others and Chance) de Levenson, foi concebida para avaliar o Locus de Controlo, conceito desenvolvido por Julian Rotter no contexto da sua Teoria da Aprendizagem Social. O estudo do Locus de Controlo é o estudo da percepção do reforço, da percepção de uma relação causal entre o comportamento individual, a situação e a recompensa. A expectativa de reforço, de natureza subjectiva, diz respeito à probabilidade julgada pelo indivíduo de que um determinado reforço ocorrerá em função, ou como consequência, de um comportamento específico da sua parte numa dada situação. Tais expectativas podem variar consideravelmente, sendo diferentes para consequências percebidas como positivas ou negativas, e específicas para determinadas situações. As expectativas generalizadas são mantidas em situações variadas, sendo resultado de experiências acumuladas que são generalizadas de umas situações para outras consideradas pelo sujeito como semelhantes (Relvas, Serra, Robalo, Saraiva, & Coelho, 1984).

Os mesmos autores defendem que o Locus de Controlo não é um conceito motivacional, mas sim uma expectativa generalizada, aprendida num contexto social e que se mantém em variadas circunstâncias, condicionando a preferência por determinados reforços. As diferenças individuais relativamente ao Locus de Controlo têm origem nas expectativas prévias, na história individual de reforços de cada um, constituindo uma variável importante da personalidade.

De acordo com a conceptualização de Rotter exposta por Relvas e colaboradores (1984), um indivíduo que tem a percepção de controlo pessoal sobre os acontecimentos importantes da sua vida apresenta um Locus de Controlo Interno. Por outro lado, quando os acontecimentos importantes são percebidos como escapando ao controlo individual e dependentes de factores como a sorte, o destino ou o acaso, ou da acção de outras pessoas ou instituições poderosas, trata-se de um indivíduo com um Locus de Controlo Externo.

A Escala I. P. C. de Levenson divide a componente externalidade em dois factores, conforme a atribuição é feita ao controlo de outros poderosos (instituições ou pessoas) ou ao acaso ou sorte. Hochreich levantou a hipótese da existência de dois tipos de externalidade, uma defensiva e outra congruente, que seriam detectadas por esta escala. Assim, os sujeitos com Locus de Controlo Externo defensivo obteriam valores mais elevados na escala P, e apresentariam baixas expectativas de êxito na obtenção de objectivos valorizados, adoptando atitudes de externalidade como defesa contra sentimentos de ineficácia pessoal. Os sujeitos com Locus de Controlo Externo congruente, por seu lado, teriam valores mais elevados na escala C, e manifestariam uma crença genuína que os reforços não são contingentes ao seu comportamento (Relvas et al., 1984).

Trata-se de uma escala do tipo Lickert, composta por vinte e quatro itens, cada um dos quais pode ter uma cotação de um a seis. Perante as vinte e quatro afirmações apresentadas, o sujeito deve posicionar-se de acordo com a chave: 1-Discordo de Maneira Muito Acentuada; 2-Discordo de Maneira Acentuada; 3-Discordo; 4-Concordo; 5-Concordo de Maneira Acentuada; 6-Concordo de Maneira Muito Acentuada. Cada um dos três factores (I, P e C) é avaliado através de oito itens, dispostos de forma alternada. O factor I mede a Internalidade, enquanto os factores P e C medem a externalidade, sendo P relativo à atribuição a outros poderosos e C à atribuição à sorte ou ao acaso. Os valores normativos para a população portuguesa, sexo masculino, são de 32.24 (DP 4.63) para o factor I, de 21.76 (DP 4.63) para o factor P e de 23.77 (DP 5.43) para o factor C (Relvas et al., 1984).

7.2.2.4. Inventário de Resolução de Problemas de Vaz Serra

Serra (1988) defende que o indivíduo não consegue viver desligado de stress, isto é, desprendido de circunstâncias que, por vezes, lhe determinam uma exigência de adaptação, consistindo o stress, de acordo com a definição de Selye, na resposta não específica do organismo a qualquer exigência de adaptação. Associada à noção de stress surge a noção de *coping*. De facto, White (1985) refere que, tendencialmente, se fala de *coping* quando se tem em mente uma modificação relativamente drástica, ou um problema que desafia as formas familiares de comportamento do indivíduo, requerendo assim a produção de um comportamento novo. Tal situação origina, frequentemente, afectos desconfortáveis como a ansiedade, o desespero, a culpa, a vergonha ou o pesar, sendo o alívio destes mesmos afectos uma parte da necessidade de adaptação. O *coping* refere-se a esta adaptação em condições consideradas difíceis.

Assim, e de acordo com Serra (1988), *coping* é o termo que se aplica às estratégias que o indivíduo utiliza para lidar com situações indutoras de stress, sejam estas situações de dano, ameaça ou desafio. A ameaça envolve uma antecipação de algo que pode vir a acontecer; os esforços de coping centram-se, pois, no futuro, de forma a que o indivíduo consiga manter o seu estatuto ou neutralize os aspectos maléficos da situação. No caso das situações de dano, as tentativas de *coping* são dirigidas ao presente, em termos de tolerância ou de reinterpretação do mal sucedido. Nas situações de desafio, o indivíduo sente que as exigências podem ser alcançadas ou ultrapassadas; neste caso, pode ocorrer uma distorção da realidade ou uma forma de auto-engano, não sendo qualquer delas adequada.

A função protectora das estratégias de *coping* pode ser exercida de três formas diferentes. Num primeiro momento, tal função traduz-se na eliminação ou modificação das condições que criam os problemas, através de acções de busca de informação, do controlo do próprio indivíduo quando lida com os acontecimentos ou do confronto com as pessoas que criaram as dificuldades. Por outro lado, dá-se o controlo perceptivo do significado da experiência ou das suas consequências, mediante o qual o indivíduo neutraliza a ameaça realizando comparações positivas do problema, trivializa o significado do ocorrido ou lhe atribui uma ordenação hierárquica inferior.

Por fim, a contenção, dentro de limites razoáveis, das consequências emocionais dos problemas – tais estratégias não lidam directamente com o problema ou com o seu significado, visando apenas a redução dos estados de tensão emocional. A aprendizagem das estratégias de *coping* dá-se por osmose (aprendizagem vicariante), condicionamento clássico e operante, sob influência da personalidade do indivíduo (Serra, 1988).

O Inventário de Resolução de Problemas é uma escala do tipo Lickert, podendo ser atribuída a cada questão uma classificação em cinco categorias, de um a cinco. A fim de evitar vícios de tendência de resposta, umas questões estão formuladas num sentido positivo e outras num sentido negativo. Esta escala pretende avaliar as estratégias de *coping*; para tal, são apresentadas ao sujeito três tipos de situações indutoras de stress, representativas de ameaça, de dano e de desafio, descritas de forma a dar a impressão de se poderem prolongar no tempo e serem, portanto, desgastantes. As instruções foram concebidas de forma a sugerir ao indivíduo que responda segundo a sua maneira mais provável de reagir, sendo-lhe pedido que assinale uma de cinco opções para cada questão: "Não concordo" (1), "Concordo pouco" (2), "Concordo" (3), "Concordo muito" (4) e "Concordo muitíssimo" (5). As questões procuram conhecer, relativamente às situações descritas, as possibilidades de confronto, confronto perceptivo do significado, confronto perceptivo das consequências, pedido de auxílio a familiares e amigos, mecanismos redutores de estados de tensão e características da personalidade. Ao todo, existem cinco questões para as situações de ameaça e de dano e dez para a de desafio; oito para os mecanismos redutores dos estados de tensão emocional e doze para as características da personalidade, num total de quarenta questões (Serra, 1988).

Os valores normativos para a população portuguesa, sexo masculino, são 154.32 (D. P. 16.65) para o Total, 17.28 (D. P. 4.07) para o factor "Pedido de Ajuda", 24.86 (D. P. 4.65) para o factor "Confronto e Resolução Activa dos Problemas", 13.04 (D. P. 2.13) para o factor "Abandono Passivo Perante a Situação", 31.77 (D. P. 4.91) para o factor "Controlo Interno/Externo dos Problemas", 16.61 (D. P. 2.92) para o factor "Estratégias de Controlo das Emoções", 13.31 (D. P. 2.98) para o factor "Atitude Activa de Não Interferência da Vida Quotidiana pelas Ocorrências", 9.35 (D. P. 1.34) para o factor "Agressividade Internalizada/Externalizada", 16.50 (D. P. 2.94) para o factor "Auto-Responsabilização e Medo das Consequências" e 11.60 (D. P. 2.07) para o factor "Confronto com o Problema e Planificação da Estratégia".

7.2.2.5. Psychopathy Checklist – Revised (PCL-R)

Tal como o nome indica, trata-se de uma *checklist* concebida para a avaliação do grau de psicopatia, particularmente destinada a populações forenses. Composta de vinte itens, esta *checklist* baseia a sua cotação numa entrevista semi-estruturada, que é completada pela consulta dos ficheiros e processos institucionais relativos ao sujeito. Os itens são cotados com 0, se não se aplicam ao sujeito, com 1, caso se apliquem apenas em parte, ou com 2, se a sua aplicação ao sujeito é total ou quase total. Assim, o grau de psicopatia avaliado pela PCL-R pode ir de 0 a 40. De relevar que a cotação deve ser feita com base no funcionamento habitual do sujeito, mais do que no seu estado actual – este instrumento avalia traços e não estados (Gonçalves, 1999).

O conceito de psicopatia que subjaz à elaboração da PCL-R baseia-se no trabalho de Cleckley. Para o autor do instrumento, Hare (1991 cit. in Gonçalves, 1999), o constructo de psicopatia apresenta características dimensionais, sendo constituído por dois factores inter-relacionados: os traços de personalidade geralmente aceites como clinicamente descritivos da síndrome e o estilo de vida anti-social. Na PCL-R, o primeiro factor engloba oito itens e o segundo nove, sendo os restantes três itens relativos a aspectos que, não se enquadrando em nenhum dos factores, contribuem para a caracterização geral da síndrome.

De acordo com as indicações de Hare (1991 cit. in Gonçalves, 1999), um resultado total inferior a 20 corresponde a um indivíduo não psicopata; os valores situados entre 20 e 29 apontam para uma psicopatia moderada; por fim, valores iguais ou superiores a 30 são indicadores de psicopatia.

7.2.2.6. Sexual Violence Risk – 20 (SVR-20)

Este instrumento assenta no conceito de Violência Sexual, definida como o contacto sexual, seja este na forma consumada, tentada ou ainda sob a forma de ameaça, com um parceiro que não consente ou está impedido de dar consentimento. A partir de uma revisão compreensiva da literatura relacionada com os agressores sexuais, os autores identificaram um conjunto de vinte factores, que agruparam em três grupos. O primeiro destes grupos reúne os factores relacionados com o ajustamento psicossocial do indivíduo, constituídos maioritariamente por aspectos de natureza histórica, representando características relativamente estáveis, enquanto outros reflectem o funcionamento passado e presente. Os factores do segundo grupo estão relacionados com o historial de ofensas sexuais do indivíduo; uma vez mais, tais factores são maioritariamente de natureza histórica, embora alguns também apresentem aspectos dinâmicos. A terceira secção contém dois factores de risco que reflectem os planos futuros do indivíduo: estes factores são invulgares, dado que reflectem tanto o funcionamento actual como o passado (Boer, Hart, Kropp & Webster, 1997).

O SVR-20 é mais um método ou procedimento de avaliação que propriamente um teste ou uma escala, visto não ser suficientemente estruturado nem estandardizado, nem possuir normas de referência ou pontos de corte (Grisso, 1986 cit. in Boer et al., 1997). Para a cotação do SVR-20, o avaliador deve determinar a presença ou ausência de cada um dos vinte factores de risco individuais. Os itens estão codificados segundo uma escala de três pontos, variando com o grau de certeza da presença actual ou passada dos factores de risco. Assim, "N" indica que, de acordo com a informação recolhida, o factor de risco está ausente ou, por outro lado, que não existe informação que sugira a sua presença; "?" indica que o factor de risco está provável ou parcialmente presente, ou seja, que existem algumas evidências, ainda que não conclusivas, da sua presença; "S" indica que o factor de risco está definitiva ou claramente presente. Se não estiver disponível qualquer informação relativamente a um determinado item, ou se a informação é considerada duvidosa, o item pode ser cotado "O", indicando a sua omissão (Boer et al., 1997).

Em conclusão, o avaliador deve sumariar o risco de violência sexual utilizando uma escala simples de três pontos: "Baixo" indica que o avaliador considera que o risco apresentado pelo sujeito é muito reduzido ou inexistente; "Moderado" indica uma estimativa de risco moderado ou ligeiramente elevado; por fim, "Alto" indica um risco percebido como muito elevado pelo avaliador (Boer et al., 1997). Aquando desta ponderação final, há que ter em conta que a importância relativa atribuída a alguns dos itens é superior àquela atribuída a outros, isto porque constituem factores de risco acrescido, como é o caso, por exemplo, da psicopatia.

7.3. Procedimento

Num primeiro momento, procedemos à análise dos processos individuais de cada um dos elementos da amostra, centrando a nossa atenção nos acórdãos do tribunal ou tribunais que os julgaram e condenaram. Tal leitura permitiu-nos perspectivar os factos ocorridos com maior abrangência, enriquecendo de forma marcante as entrevistas realizadas.

Após a leitura dos processos, foi-nos concedida pela direcção de cada um dos Estabelecimentos Prisionais visitados, a utilização de um gabinete onde pudemos entrevistar e avaliar, sempre de forma individual, cada um dos elementos da amostra em condições de privacidade e confidencialidade. A cada um dos sujeitos foi explicada, num primeiro momento, qual a finalidade do estudo, a metodologia utilizada, a confidencialidade dos dados fornecidos e o anonimato dos mesmos. Dos cinquenta e cinco indivíduos por nós contactados, dezassete recusaram participar no estudo, afirmando não querer reviver acontecimentos que lhes eram dolorosos e que procuravam esquecer.

Aos trinta e oito indivíduos restantes foi realizada a entrevista, verificando-se em alguns casos uma total recusa em responder a quaisquer questões directamente relacionadas com os crimes praticados. Uma vez concluída a entrevista, e utilizando como critério de selecção a conclusão do sexto ano de escolaridade, foram submetidos a avaliação psicológica dezoito sujeitos. Tal critério constitui um pré-requisito obrigatório para a aplicação do MMPI-2, definido pelos autores da prova, tendo nós optado por o generalizar às restantes provas psicométricas, dadas as dificuldades de compreensão evidenciadas por muitos dos sujeitos com escolaridade inferior ao longo da entrevista, e que exigiram da nossa parte um esforço no sentido da adequação da linguagem e da explicação detalhada de muitas das questões colocadas.

Os dezoito indivíduos que tinham concluído o sexto ano de escolaridade foram então submetidos, mais uma vez de forma individual, a um procedimento de avaliação psicológica, que obedeceu sempre à mesma ordem, por nós entendida como de complexidade e morosidade crescente. Assim, a primeira prova a ser aplicada foi o Inventário Clínico de Auto-Conceito de Vaz Serra, seguido da Escala IPC de Levenson, do Inventário de Resolução de Problemas de Vaz Serra e, por fim, do MMPI-2. A PCL-R e o SVR-20 foram preenchidos por nós *a posteriori*, com base nos dados recolhidos através da entrevista e da consulta dos processos da totalidade dos elementos da amostra; não havia, em nosso entender, necessidade de realizar novas entrevistas para aplicação destas provas, dada a riqueza e diversidade dos dados recolhidos.

7.4. Hipóteses

A formulação das hipóteses é um trabalho que se funda na observação e consequente inferência de associações de variáveis que poderão ter entre si uma ligação plausível ou repousa numa teoria mais ou menos consolidada. No presente trabalho, o objectivo assumido prendia-se sobretudo com uma caracterização o mais exaustiva possível da figura do "violador português", partindo dos casos em que foi possível a identificação dos culpados e a sua condenação. Como já vimos, não foi fácil reunir um grupo que respeitasse os critérios de inclusão na amostra (e.g., nacionalidade portuguesa, condenação pelo crime de violação, tipificado no artigo 164º do Código Penal português, vítima maior de idade), tendo nós encontrado sob a mesma "capa" indivíduos que tinham abusado sexualmente de menores com penetração e outros com outros crimes associados (e.g., homicídios) e que nem sempre estavam sinalizados como violadores tal como os tínhamos concebido inicialmente. Assim sendo, não havia nenhuma hipótese específica quanto ao violador português mas interessava sobretudo determinar se havia entre eles linhas de união, isto é, variáveis que de uma forma bastante sistemática estivessem presentes na maioria dos casos.

Por outro lado, e face à variedade de tipologias presentes na literatura, também poderia ser interessante verificar em que medida algumas delas poderiam encontrar eco na nossa amostra, sobretudo as que possuem um carácter mais sólido do ponto de vista da sua replicação.

Tendo como ponto de partida estes dois aspectos, e verificando--se desde logo que os critérios de inclusão na amostra limitavam o seu tamanho, entendeu-se proceder a um estudo preferencialmente descritivo, recorrendo contudo a medidas de correlação para identificar associações entre variáveis dentro de cada grupo previamente definido. Posteriormente, tentou-se verificar até que ponto a caracterização dos nossos sujeitos era compatível com algumas das tipologias e tentar extrair algumas linhas de força que ajudassem ao objectivo global deste trabalho. Em boa verdade, diga-se que o facto de não ter havido até agora nenhum trabalho de investigação aprofundado sobre esta temática entre nós, inviabiliza um estudo comparativo com dados nacionais que seria certamente muito útil. Assim, podemos dizer que nesta investigação, mais do que partir de hipóteses heuristicamente robustas, pretendeu-se sobretudo criar condições para a compreensão de um fenómeno e dos seus actores para que, posteriormente, tais hipóteses possam vir a ser efectivamente formuladas.

8.

Resultados

8.1. Instrumentos de Avaliação Psicométrica

8.1.1. Minnesota Multiphasic Personality Inventory 2 (M. M. P. I. 2)

Conforme se pode verificar na tabela 8.01., o perfil traçado pelas notas T obtidas, em média, pelos elementos da nossa amostra

	N	Mínimo	Máximo	Média	Desvio Padrão
Mentira (L)	18	43	79	56.78	10.647
Incoerência (F)	18	42	90	61.00	14.046
Correcção (K)	18	30	61	43.94	8.861
Hipocondria (Hs)	18	30	86	49.44	14.577
Depressão (D)	18	34	68	52.22	8.889
Histeria de Conversão (Hy)	18	30	82	47.83	14.189
Desvio Psicopático (Pd)	18	48	76	**61.28**	7.850
Masculinidade-Feminilidade (Mf)	18	32	66	51.11	10.186
Paranóia (Pa)	18	41	87	**64.56**	11.110
Psicastenia (Pt)	18	32	72	55.06	10.530
Esquizofrenia (Sc)	18	36	76	58.06	12.134
Hipomania (Ma)	18	38	76	55.72	10.867
Introversão Social (Si)	18	40	60	51.44	5.943
Ansiedade (ANX)	18	45	69	55.50	6.888
Medos (FRS)	18	36	61	48.39	8.631
Obsessão (OBS)	18	42	72	55.06	7.604
Depressão (DEP)	18	42	82	62.28	11.493
Preocupações com a Saúde (HEA)	18	39	92	53.67	14.336
Pensamento Bizarro (BIZ)	18	42	87	59.83	12.664
Hostilidade (ANG)	18	40	66	53.44	8.219
Cinismo (CYN)	18	48	73	60.78	6.612
Condutas Anti-Sociais (ASP)	18	36	80	56.61	11.205
Comportamento Tipo A (TPA)	18	30	64	52.94	9.716
Baixa Auto-Estima (LSE)	18	38	82	54.39	12.802
Mal-Estar Social (SOD)	18	38	68	50.83	8.645
Problemas Familiares (FAM)	18	35	76	53.94	11.659
Interferência Laboral (WRK)	18	37	72	53.94	8.775
Indicadores Negativos de Tratamento (TRT)	18	36	78	57.22	10.344

Tabela 8.01. – Notas T Mínimas, Máximas e Médias obtidas nas Escalas Clínicas e de Conteúdo do MMPI-2

apresenta elevações na escala Desvio Psicopático (Pd) e Paranóia (Pa), resultando num código duplo 46/64.

8.1.2. Inventário Clínico de Auto-Conceito de Vaz Serra

No que concerne ao auto-conceito global, conforme avaliado pelo Inventário Clínico de Auto-Conceito de A. Vaz Serra, os sujeitos integrantes da nossa amostra apresentaram resultados (ver tabela 8.02.) ligeiramente superiores à média da população portuguesa. Nos diferentes factores avaliados pela prova, concretamente a Aceitação/Rejeição Social, a Auto-Eficácia, a Maturidade Psicológica e a Impulsividade, os resultados obtidos foram sobreponíveis aos valores normativos definidos pelo autor para a população portuguesa.

	N	Mínimo	Máximo	Média	Desvio Padrão
Auto-Conceito Total	18	62	100	76.44	9.102
Aceitação/Rejeição Social	18	13	25	17.00	3.694
Autoeficácia	18	20	30	23.89	2.826
Maturidade Psicológica	18	11	20	15.94	2.413
Impulsividade/Actividade	18	6	15	11.17	2.176

Tabela 8.02. – Resultados obtidos no Inventário Clínico de Auto-Conceito de A. Vaz Serra

8.1.3. Escala IPC de Levenson

Os resultados obtidos para os três factores da Escala IPC de Levenson (Internal, Powerful Others e Chance) pela nossa amostra (ver tabela 8.03.) foram, uma vez mais, semelhantes aos valores normativos para a população portuguesa, não se verificando quaisquer diferenças significativas.

	N	Mínimo	Máximo	Média	Desvio Padrão
Locus de Controlo Interno	18	21	46	32.67	5.667
Locus de Controlo Externo, Atribuição a Pessoas Poderosas	18	13	36	24.89	5.870
Locus de Controlo Externo, Atribuição ao Acaso	18	10	34	25.17	5.752

Tabela 8.03. – Resultados obtidos na Escala IPC de Levenson

8.1.4. Inventário de Resolução de Problemas de Vaz Serra

No que diz respeito aos mecanismos de *coping*, quer na sua generalidade, quer nos 9 factores avaliados pelo Inventário de Resolução de Problemas de Vaz Serra, os resultados obtidos (ver tabela 8.04.) foram sobreponíveis aos valores considerados normativos para a população portuguesa em geral.

	N	Mínimo	Máximo	Média	Desvio Padrão
Estratégias de Coping – Total	18	125	179	150.17	16.912
Pedido de Ajuda	18	9	21	14.56	2.874
Confronto e Resolução Activa dos Problemas	18	19	35	28.94	4.659
Abandono Passivo perante a Situação	18	6	15	13.28	2.608
Controlo Interno/Externo dos Problemas	18	18	38	28.72	5.613
Estratégias de Controlo das Emoções	18	10	20	16.33	3.199
Atitude Activa de Não-Interferência da Vida Quotidiana pelas Ocorrências	18	7	16	11.67	2.275
Agressividade Internalizada/Externalizada	18	6	10	9.50	1.098
Auto-Responsabilização e Medo das Consequências	18	9	20	15.06	3.334
Confronto com o Problema e Planificação da Estratégia	18	8	15	12.11	1.967

Tabela 8.04. – Resultados obtidos no Inventário de Resolução de Problemas de A. Vaz Serra

8.1.5. Psychopathy Checklist – Revised (PCL-R)

A média dos resultados obtidos pelos elementos da nossa amostra (ver tabela 8.05.) situou-se três pontos abaixo da que foi obtida por Gonçalves (1999) e quatro da amostra de referência de Hare (1991).

	N	Mínimo	Máximo	Média	Desvio Padrão
Psychopathy Checklist – Revised (PCL-R)	38	5	38	19.50	7.707

Tabela 8.05. – Resultados obtidos na Psychopathy Checklist – Revised (PCL-R)

	Frequência	Percentagem	Percentagem Acumulada
<20	18	47.4	47.4
20-29	15	39.5	86.8
>30	5	13.2	100.0
Total	38	100.0	

Tabela 8.06. – Frequência dos diferentes níveis de Psicopatia conforme avaliados pela Psychopathy Checklist - Revised (PCL-R)

De acordo com os resultados obtidos na Psychopathy Checklist – Revised (PCL-R), a nossa amostra foi constituída por 18 não psicopatas, 15 indivíduos moderadamente psicopatas e 5 psicopatas (ver tabela 8.06.).

8.1.6. Sexual Violence Risk – 20 (SVR-20)

O risco de violência sexual apresentado pelos sujeitos constituintes da nossa amostra foi, em mais de metade dos casos, elevado; dos restantes 18, 12 apresentaram um risco moderado e 6 um risco baixo (ver tabela 8.07.).

	Frequência	Percentagem	Percentagem Acumulada
Risco de Violência Sexual Baixo	6	15.8	15.8
Risco de Violência Sexual Moderado	12	31.6	47.4
Risco de Violência Sexual Alto	20	52.6	100.0
Total	38	100.0	

Tabela 8.07. – Frequência dos diferentes níveis de Risco de Violência Sexual conforme avaliados pelo Sexual Violence Risk (SVR-20)

8.2. Análise de Resultados

A escolha destas análises estatísticas deveu-se ao facto de a amostra ser de reduzidas dimensões, dificilmente suportando outro tipo de análises (como a análise de Clusters) que seria até mais indicada tendo em vista o agrupamento das variáveis segundo uma lógica de explicação de grupo. Por outro lado, e tendo em conta o que já dissemos acerca da formulação das hipóteses seria forçar demasiado uma análise que envolve tantas variáveis mas apenas extraídas de um grupo relativamente pequeno. Como as variáveis foram codificadas como ordinais utilizou-se o Coeficiente de Correlação de Spearman enquanto que nos resultados das provas (excepto quando agrupados, como no caso da PCL-R e do SVR-20) se optou pelo de Pearson.

Para as análises correlacionais que incidiram sobre as provas excluímos deliberadamente os resultados do MMPI-2 dado que, e conforme explicámos num momento anterior, este inventário não se encontra aferido nem validado para a população portuguesa e, por essa razão, a interpretação dos seus resultados no presente estudo restringiu-se à análise qualitativa dos perfis (através da elevação relativa das diferentes escalas).

Outra das limitações à análise dos resultados obtidos através dos instrumentos de avaliação psicométrica prendeu-se com as limitações cognitivas da maioria dos elementos da amostra, que inviabilizaram desde logo a aplicação dos inventários. Assim, relativamente aos sujeitos com escolaridade inferior ao sexto ano, dispomos apenas da informação recolhida através da entrevista, da PCL-R e do SVR-20, justificando-se desta forma os valores em falta (*missing*).

Finalmente, salientamos que, de todas as tabelas que se seguem e que ilustram as análises correlacionais realizadas, apenas constam as correlações estatisticamente significativas (p=0.01 ou p=0.05). Os restantes valores, dada a sua escassa representatividade, foram omitidos desta exposição.

8.2.1. Análises Correlacionais

8.2.1.1. Variáveis Sócio-Demográficas

No conjunto das variáveis sócio-demográficas, apenas se verificaram correlações entre a idade e a afinidade populacional, e entre as habilitações literárias e a profissão, sendo a primeira negativa e a segunda positiva, ambas altamente significativas (ver tabela 8.08.).

		Afinidade Populacional	Profissão
Idade	Coeficiente de Correlação Sig.	-.479(**) .002	
Habilitações Literárias	Coeficiente de Correlação Sig.		.519(**) .001

** A correlação é significativa ao nível 0.01.

Tabela 8.08. – Correlações encontradas no grupo das variáveis Sócio-Demográficas

8.2.1.2. Contexto Social e Familiar

No que concerne às variáveis relativas ao contexto social e familiar, existiam correlações positivas significativas entre o relacionamento dos pais e a caracterização do ambiente familiar feita pelos sujeitos, entre o relacionamento com os irmãos e o lugar na fratria, entre o relacionamento dos pais e a dimensão do círculo relacional do sujeito, e entre o relacionamento do sujeito com a mãe e a sua vivência afectiva e/ou amorosa. As correlações verificadas entre o contacto interpessoal (fácil/difícil) e a vivência da socialização (sociável/isolado), entre o contacto interpessoal e o círculo relacional, e entre o círculo relacional e a vivência da socialização eram também positivas, mas altamente significativas (ver tabela 8.09.).

		Lugar na Fratria	Ambiente Familiar	Relac. Pais	Relac. Mãe	Vivência Social	Contacto Interpess.
Relac. dos Pais	Coeficiente de Correlação Sig.		.375(*) .020				
Relac. com os Irmãos	Coeficiente de Correlação Sig.	.326(*) .046					
Contacto Interpessoal	Coeficiente de Correlação Sig.					.610(**) .000	
Círculo Relacional	Coeficiente de Correlação Sig.			.343(*) .035		.805(**) .000	.651(**) .000
Vivência Afect/Amor.	Coeficiente de Correlação Sig.				.322(*) .048		

* A correlação é significativa ao nível 0.05.   ** A correlação é significativa ao nível 0.01.

Tabela 8.09. – Correlações encontradas no grupo das variáveis relativas ao Contexto Social e Familiar

8.2.1.3. História Médica

No capítulo relativo à história médica, verificou-se uma correlação positiva significativa entre a presença de antecedentes psiquiátricos por parte do pai e a existência de doença mental no sujeito (ver tabela 8.10.).

		Antecedentes Pessoais de Doença Mental
Antecedentes Psiquiátricos do Pai	Coeficiente de Correlação Sig.	.335(*) .040

* A correlação é significativa ao nível 0.05.

Tabela 8.10. – Correlações encontradas no grupo das variáveis relativas à História Médica

8.2.1.4. Circunstâncias Envolventes à Data do Crime

No que diz respeito às circunstâncias que envolveram o crime, existiam correlações positivas significativas entre os consumos e a vida social do sujeito, e entre os consumos e o seu estado psíquico em geral, assim como uma correlação positiva altamente significativa entre a vida familiar do sujeito e o seu estado psíquico em geral (ver tabela 8.11.).

		Vida Familiar	Vida Social	Consumos
Consumos	Coeficiente de Correlação Sig.		.320(*) .050	
Estado Psíquico em Geral	Coeficiente de Correlação Sig.	.465(**) .003		.368(*) .023

* A correlação é significativa ao nível 0.05.   ** A correlação é significativa ao nível 0.01

Tabela 8.11. – Correlações encontradas no grupo das variáveis relativas às Circunstâncias Envolventes à Data do Crime

8.2.1.5. Variáveis Jurídico-Penais

Ao nível das variáveis jurídico-penais, verificou-se uma correlação positiva significativa entre a existência de antecedentes prisionais do sujeito e o apoio recebido por parte dos seus familiares e amigos, assim como correlações positivas altamente significativas entre os antecedentes prisionais do pai e os antecedentes prisionais da mãe, e entre os antecedentes prisionais do pai e os antecedentes prisionais dos restantes familiares (ver tabela 8.12.).

		Ant. Prisionais	Ant. Prisionais Pai	Ant. Prisionais Mãe
Antecedentes Prisionais Mãe	Coeficiente de Correlação Sig.		.754(**) .000	
Ant. Familiares Prisionais	Coeficiente de Correlação Sig.		.460(**) .004	.551(**) .000
Apoio Familiar/Social	Coeficiente de Correlação Sig.	.366(*) .024		

* A correlação é significativa ao nível 0.05.   ** A correlação é significativa ao nível 0.01

Tabela 8.12. – Correlações encontradas no grupo das variáveis Jurídico-Penais

8.2.1.6. Circunstâncias do Crime

No que toca às circunstâncias do crime, verificou-se uma correlação positiva significativa entre o comportamento do agressor após a prática do crime e o local onde este foi praticado, assim como correlações negativas significativas entre a premeditação e o uso da força física, entre o comportamento do agressor após a prática do crime e a prática concomitante de outro(s) crime(s), entre o tipo de meio (urbano ou rural) onde o crime foi praticado e as atitudes para com a vítima após a prática do crime, e entre a valorização dos actos cometidos e a existência de sinais aparentes de arrependimento ou remorsos. Por fim, verificaram-se correlações positivas altamente significativas entre a prática concomitante de outro(s) crime(s) e a presença de sinais aparentes de arrependimento ou remorso, e entre o comportamento do agressor após a prática do crime e as atitudes deste para com a vítima após o mesmo crime (ver tabela 8.13.).

		Meio	Local	Existência de Premeditação	Prática Concomitante de outros Crimes	Comport. do Agressor após prática do Crime	Sinais Arrepend. ou Remorsos
Uso da Força Física	Coeficiente de Correlação Sig.			-.326(*) .046			
Comport. do Agressor após prática do Crime	Coeficiente de Correlação Sig.		.355(*) .029		-.336(*) .039		
Atitudes para com a Vítima após prática do Crime	Coeficiente de Correlação Sig.	-.350(*) .031				.463(**) .003	
Sinais de Arrepend. ou Remorsos	Coeficiente de Correlação Sig.				.431(**) .007		
Valorização dos actos cometidos	Coeficiente de Correlação Sig.						-.413(*) .010

* A correlação é significativa ao nível 0.05.   ** A correlação é significativa ao nível 0.01

Tabela 8.13. – Correlações encontradas no grupo das variáveis relativas às Circunstâncias do Crime

8.2.1.7. Características da Vítima

No apartado referente às características da vítima, verificaram-se correlações positivas significativas entre a qualidade da relação com a vítima e o comportamento desta antes da prática do crime, entre a qualidade da relação com a vítima e o comportamento desta durante a prática do crime, entre a percepção do agressor do comportamento da vítima antes da prática do crime e a percepção do agressor do comportamento da vítima durante a prática do crime, e entre a percepção do agressor do comportamento da vítima durante a prática do crime e a percepção do agressor da forma como a vítima vivenciou o crime. Verificaram-se correlações negativas significativas entre o número de vítimas e a qualidade da relação com estas, entre a qualidade da relação com a vítima e a percepção do agressor do comportamento desta antes da prática do crime, e entre o número de vítimas e a percepção do agressor do comportamento destas durante a prática do crime. Por fim, verificaram-se correlações positivas altamente significativas entre a idade da vítima e a percepção do agressor do comportamento desta antes da prática do crime, e entre a natureza e a qualidade da relação com esta.

		Idade	Número	Natureza da Relação	Qualidade da Relação	Percepção do Agressor do Comport.da Vítima antes do Crime	Percepção do Agressor do Comport.da Vítima durante o Crime
Natureza da Relação com a Vítima	Coeficiente de Correlação Sig.		-.357(*) .028				
Qualidade da Relação com a Vítima	Coeficiente de Correlação Sig.			.930(**) .000			
Comport. da Vítima antes da prática do Crime	Coeficiente de Correlação Sig.				.339(*) .038		
Percepção do Agressor do Comport. da Vítima antes do Crime	Coeficiente de Correlação Sig.	.448(**) .005			-.335(*) .040		
Comport. da Vítima durante a prática do Crime	Coeficiente de Correlação Sig.				.341(*) .036		
Percepção do Agressor do Comport. da Vitima durante o Crime	Coeficiente de Correlação Sig.		-.350(*) .031			.398(*) .013	
Percepção do Agressor de como a Vítima vivenciou o Crime	Coeficiente de Correlação Sig.						.327(*) .190

* A correlação é significativa ao nível 0.05.   ** A correlação é significativa ao nível 0.01.

Tabela 8.14. – Correlações encontradas no grupo das variáveis relativas às Características da Vítima

8.2.1.8. Perspectivas Futuras

No capítulo relativo às perspectivas futuras, não se verificaram quaisquer correlações significativas.

8.2.1.9. Instrumentos de Avaliação Psicométrica

A análise correlacional dos resultados totais dos instrumentos de avaliação psicométrica utilizados (à excepção do MMPI-2, por motivos explicitados anteriormente), permitiu evidenciar uma correlação positiva significativa entre o auto-conceito e a psicopatia, e uma correlação positiva altamente significativa entre a psicopatia e o risco de violência sexual.

		Psychopathy Checklist - Revised (PCL-R)
Auto-Conceito Total	Coeficiente de Correlação	.538(*)
	Sig.	.026
Sexual Violence Risk (SVR-20)	Coeficiente de Correlação	.518(**)
	Sig.	.001

* A correlação é significativa ao nível 0.05.   ** A correlação é significativa ao nível 0.01.

Tabela 8.15. – Correlações encontradas entre os resultados
dos instrumentos de avaliação psicométrica

8.3. Enquadramento Tipológico dos Sujeitos

Conforme descrevemos no capítulo 6 do presente estudo, ao longo dos anos emergiram uma série de concepções tipológicas sobre a temática da violação e dos seus autores, procurando agrupá-los de acordo com as suas características. Tendo em mente que tais tipologias foram concebidas para a população americana, não seria de esperar que se adaptassem às características da nossa amostra; contudo, a título exploratório e, em certa medida, comparativo (ainda que em traços muito gerais), procurámos estabelecer algumas correspondências.

Tomando as características de cada tipo, descritas anteriormente, como critérios, procurámos enquadrar os elementos da nossa amostra nas tipologias existentes. Para tal, e utilizando o SPSS, seleccionamos os critérios pretendidos para cada um dos tipos e, mediante essa selecção, extraímos e contabilizámos os elementos da amostra que reuniam todos os critérios. Na organização dos critérios partimos do que era essencial a cada tipo para o acessório, e das características estruturais do indivíduo para os aspectos situacionais: tal esforço revelou-se fundamental no sentido de evitar as sobreposições de tipos.

8.3.1. Guttmacher e Weihofen

Utilizando a tipologia de Guttmacher e Weinhofen, foi-nos possível enquadrar a totalidade dos elementos da amostra: o tipo mais representativo foi o Agressivo (39.5%), seguido do "Verdadeiro Agressor Sexual" (34.2%) e do Sádico (26.3%).

Tipo	Número de Sujeitos	Percentagem
"Verdadeiro Agressor Sexual"	13	34.2
Sádico	10	26.3
Agressivo	15	39.5
Total	38	100

Tabela 8.16. – Distribuição dos elementos da amostra de acordo com a tipologia de Guttmacher e Weihofen

8.3.2. Kopp

A tipologia de Kopp também nos permite classificar toda a nossa amostra, sendo o Egodistónico o tipo predominante (60.5%), e correspondendo o Egosintónico a menos de metade dos sujeitos (39.5%).

Tipo	Número de Sujeitos	Percentagem
Egosintónico	15	39.5
Egodistónico	23	60.5
Total	38	100

Tabela 8.17. – Distribuição dos elementos da amostra de acordo com a tipologia de Kopp

8.3.3. Gebhard e colaboradores

Também a tipologia de Gebhard e colaboradores parece acomodar toda a nossa amostra, distribuída da seguinte forma: Duplo Padrão (50%), Deficiente Mental (28.9%), Explosivo (7.9%), Psicótico (5.2%) e Agressivo (5.2%), Hedonista Desorganizado Egocêntrico (2.6%) e, por fim, o tipo Embriagado, que não encontrou correspondência.

Tipo	Número de Sujeitos	Percentagem
Agressivo	2	5.2
Hedonista Desorganizado Egocêntrico	1	2.6
Embriagado	0	0
Explosivo	3	7.9
Duplo Padrão	19	50
Deficiente Mental	11	28.9
Psicótico	2	5.2
Total	38	100

Tabela 8.18. – Distribuição dos elementos da amostra de acordo com a tipologia de Gebhard e colaboradores

8.3.4. *Cohen e Seghorn*

A tipologia concebida por Cohen e Seghorn não pareceu abranger todos os elementos da nossa amostra, ficando-se pelos 78.9%. Destes, 34.2% corresponderam ao tipo Compensatório, 31.6% ao Sexo-Agressão-Defusão, e 13.2% ao Impulsivo. Os restantes sujeitos não reuniram os critérios de inclusão em nenhum dos tipos, e o tipo Agressão Deslocada não teve correspondência.

Tipo	Número de Sujeitos	Percentagem
Compensatório	13	34.2
Agressão Deslocada	0	0
Sexo – Agressão – Defusão	12	31.6
Impulsivo	5	13.2
Total	30	78.9

Tabela 8.19. – Distribuição dos elementos da amostra de acordo com a tipologia de Cohen e Seghorn

8.3.5. *Rada*

A distribuição da totalidade dos elementos da nossa amostra pelos tipos definidos por Rada foi feita da seguinte forma: Conflito de Identidade Masculina (39.5%), Sociopata (34.2%), Sádico (15.8%), Stress Situacional (5.2%) e Psicótico (5.2%).

Tipo	Número de Sujeitos	Percentagem
Sociopata	13	34.2
Conflito de Identidade Masculina	15	39.5
Stress Situacional	2	5.2
Sádico	6	15.8
Psicótico	2	5.2
Total	38	100

Tabela 8.20. – Distribuição dos elementos da amostra
de acordo com a tipologia de Rada

8.3.6. Groth

Os três tipos concebidos por Groth apenas abrangeram pouco mais de metade da nossa amostra: o tipo Raiva não encontrou correspondência, 31.6% dos sujeitos enquadraram-se na Violação por Poder e 23.7% corresponderam ao tipo Sádico.

Tipo	Número de Sujeitos	Percentagem
Raiva	0	0
Poder	12	31.6
Sádico	9	23.7
Total	21	55.3

Tabela 8.21. – Distribuição dos elementos da amostra
de acordo com a tipologia de Groth

8.3.7. Knight e Prentky – Massachusetts Treatment Center Revised Rapist Typology, Version 3 (MTC: R3)

A MTC:R3 de Knight e Prentky (MTC:R3) apenas nos permitiu tipificar menos de um terço da nossa amostra (28.9%). Os tipos mais representativos foram o Vingativo com elevadas competências sociais (13.2%) e o Raiva Indistinta (5.2%); os tipos Oportunista com elevadas competências sociais, Sádico Manifesto, Sexual com reduzidas competências sociais e Vingativo com reduzidas competências sociais abrangeram 2.6% dos sujeitos cada, enquanto os tipos Oportunista com reduzidas competências sociais, Sádico Encoberto e Sexual com elevadas competências sociais não tiveram qualquer representatividade.

Tipo	Número de Sujeitos	Percentagem
Oportunista com elevadas competências sociais	1	2.6
Oportunista com reduzidas competências sociais	0	0
Raiva Indistinta	2	5.2
Sádico Manifesto	1	2.6
Sádico Encoberto	0	0
Sexual com elevadas competências sociais	0	0
Sexual com reduzidas competências sociais	1	2.6
Vingativo com elevadas competências sociais	5	13.2
Vingativo com reduzidas competências sociais	1	2.6
Total	11	28.9

Tabela 8.22. – Distribuição dos elementos da amostra de acordo com a tipologia de Knight e Prentky (MTC:R3)

8.3.8. Hazelwood

À semelhança do que se verificou com a tipologia de Groth, também a tipologia de Hazelwood encontrou eco em pouco mais de metade da nossa amostra. Os dois tipos motivados pela Raiva não obtiveram qualquer representatividade, e os restantes distribuíram-se da seguinte forma: Oportunista (21.1%), Asserção de Poder (18.4%) e Violação em Grupo (18.4%), e finalmente Validação de Poder (2.6%).

Tipo	Número de Sujeitos	Percentagem
Validação de Poder	1	2.6
Asserção de Poder	7	18.4
Raiva – Retaliação	0	0
Raiva – Excitação	0	0
Oportunista	8	21.1
Em Grupo	7	18.4
Total	23	60

Tabela 8.23. – Distribuição dos elementos da amostra de acordo com a tipologia de Hazelwood

9.

Discussão

Conforme se pode constatar, desde logo, o objectivo primordial deste estudo foi a caracterização do violador português, mediante a consulta de processos, a entrevista com os sujeitos e a sua avaliação do ponto de vista psicométrico. A concretização de tal objectivo revelou-se mais complexa do que tínhamos inicialmente suposto. Em primeiro lugar, deparámo-nos com um desfazamento entre o que são os números oficiais de reclusos condenados por violação, em concreto pelo artigo 164.º do Código Penal português, e os seus números reais. Assim, partindo de uma estimativa de mais de 150 sujeitos, fornecida pela Direcção-Geral dos Serviços Prisionais, demos por concluído o estudo com uma amostra de 38 indivíduos.

Vários factores intervieram nesta redução significativa do número de sujeitos, o principal dos quais se prendeu com os critérios de aplicação do artigo 164.º por parte dos magistrados aquando da condenação dos sujeitos. De facto, enquanto em nosso entender (salientamos aqui a limitação dos nossos conhecimentos de Direito) tal artigo se referia exclusivamente a vítimas adultas, na prática não é assim: em casos de abuso sexual de menor (artigo 172.º) ou de pessoa incapaz de opor resistência (artigo 165.º) onde seja particularmente marcado o uso de violência, o magistrado pode optar pela condenação pelo artigo 164.º, que privilegia o critério da violência, omisso nos artigos 172.º e 165.º. Por esta razão, muitos dos sujeitos que prevíamos viessem a integrar a nossa amostra foram excluídos por não preencherem o critério da vítima adulta, não portadora de deficiência física ou mental.

Outro critério que veio limitar ainda mais a nossa amostra foi o da nacionalidade, excluindo-se todos os sujeitos de nacionalidade estrangeira. Tal decisão prendeu-se com a diversidade de *background* cultural que, em nosso entender, poderia influenciar de forma mais ou menos decisiva a conduta sexual e delitual dos sujeitos, diferenciando-os da nossa população de referência, a portuguesa.

Por fim, outra limitação ao nosso estudo residiu na estigmatização de que são alvo os reclusos condenados por violação, quer por parte da sociedade em geral, quer do *staff* prisional, quer dos restantes reclusos. A mentalidade prisional, seguida por grande parte da população de reclusos, discrimina claramente os agressores sexuais que, uma vez "rotulados" como tal, são alvo de todo o tipo de sevícias por parte dos restantes reclusos, desde a provocação verbal à agressão física e, em casos mais extremos, mesmo à violação. Tal estigma faz com que a maioria dos violadores esconda o seu crime e evite a todo o custo ser conotado com ele, o que leva a que com alguma dificuldade se disponibilizem para participar neste tipo de estudo.

No decurso das entrevistas, pudemos aperceber-nos das limitações cognitivas da maioria dos sujeitos que inviabilizaram, em boa parte dos casos, a aplicação das provas de avaliação psicométrica previstas. Provenientes, na sua maioria, de um meio rural carenciado, tratava-se sobretudo de sujeitos pouco diferenciados, tanto a nível académico como profissional, num claro reflexo da também reduzida escolaridade dos seus pais. De facto, metade da amostra concluiu apenas o primeiro ciclo do Ensino Básico, à semelhança do que se verificou relativamente aos pais. A correlação positiva altamente significativa entre habilitações literárias e profissão sugere que, como seria de esperar, os indivíduos mais diferenciados do ponto de vista académico ou escolar eram também os mais diferenciados a nível profissional.

A maioria dos sujeitos era caucasóide, com cerca de 32 anos de idade, sendo que os sujeitos negróides e os de etnia cigana eram os mais novos da amostra, dado este confirmado pela correlação negativa altamente significativa encontrada entre a afinidade populacional e a idade, e esta era a primeira vez que se encontravam detidos.

O relato das suas histórias de vida, em muitos casos corroborado por dados constantes dos processos individuais, traduzia uma vivência familiar harmoniosa, sem conflitos graves entre os progenitores ou restantes familiares, assim como uma socialização fácil e adaptada, quer com os seus pares quer com os seus superiores. A análise correlacional parece indicar que quanto maior e/ou mais frequente o conflito entre os progenitores, mais disfuncional e desarmónico o ambiente familiar (de sublinhar que a existência de uma correlação entre duas variáveis não implica, por si só, uma relação de causa-efeito). O aumento da conflitualidade no relacionamento dos progenitores apareceu também associado à diminuição do círculo relacional do sujeito. Dado que todos os sujeitos tinham irmãos, e alguns faziam parte de fratrias muito numerosas, verificou-se que quanto mais novo era o sujeito relativamente aos seus irmãos, mais conflituoso era o seu relacionamento com estes. Por fim, os sujeitos que evidenciaram maiores dificuldades no contacto interpessoal foram, conforme seria esperado, também os que apresentaram círculos relacionais mais restritos e os que se descreveram como mais isolados.

Em termos afectivos e amorosos, a maioria dos elementos da amostra era solteiro, descrevendo-nos um padrão geral de envolvimentos, de carácter superficial e saltuário, que ocorriam concomitantemente a um relacionamento estável e duradouro. A deterioração do relacionamento com a mãe apareceu associado (correlação significativa) ao estabelecimento de padrões de relacionamento amoroso pautados pela superficialidade afectiva e pela promiscuidade sexual, com diversos parceiros sexuais pontuais, em detrimento de relacionamentos de carácter mais sério e duradouro, com maior investimento emocional.

A maioria dos sujeitos estudados não apresentava antecedentes, pessoais ou familiares, de doença física ou mental; verificámos, contudo, que os sujeitos cujos pais apresentavam antecedentes psicopatológicos eram também portadores de doença mental. No que concerne aos consumos, embora na sua maioria consumissem álcool, no período que antecedeu o crime não se verificou uma intensificação da sua ingestão. Embora mais de metade dos crimes tenham sido praticados sem que o sujeito se encontrasse sob influência de substâncias, em 23.7% dos casos o sujeito encontrava-se alcoolizado. Os sujeitos que consumiram álcool, drogas ou ambos à data do crime, vivenciaram conflitos ou afastamento ao nível social, assim como estados de ansiedade, irritabilidade e agitação ou de depressão, tristeza e frustração. Tais estados de humor ansioso ou depressivo apareceram associados, de forma altamente significativa, à existência de conflitos no seio familiar. Na maioria dos casos, contudo, o período que antecedeu o crime foi descrito como estável, a nível familiar, profissional e social, ainda que não ao nível do estado psicológico em geral.

De acordo com os dados constantes dos processos e com as descrições fornecidas pelos sujeitos, a maior parte dos crimes foram cometidos em meio urbano, na via pública, sendo clara a existência de premeditação. A violação surgiu na sequência de outros crimes, nomeadamente assaltos, numa minoria dos casos, sendo predominante a sua prática isolada, com uso meramente instrumental da força física e sem a utilização de quaisquer armas. Mediante análise correlacional, verificou-se que, nos crimes premeditados, o uso de força física foi maior, sendo nos crimes não premeditados o uso de força sobretudo instrumental (por oposição ao expressivo).

Mais de metade dos crimes foram praticados sem que o sujeito se encontrasse sob influência de substâncias. Na sequência da prática do crime, os sujeitos colocaram-se em fuga, abandonando a vítima no local do crime, sem ter tomado para com esta qualquer atitude. A fuga foi mais frequente quando este crime ocorreu em conjunto com outro(s), e quando foi praticado no domicílio da vítima ou na via pública. Nos casos em que se deu a fuga do sujeito, por um lado, ou em que o crime foi praticado em meio rural, por outro, o sujeito não tomou qualquer atitude para com a vítima.

No que concerne ao sentimento de remorso ou arrependimento, uma porção significativa da nossa amostra expressou claramente a sua ausência ou verbalizou um remorso que, nitidamente, não era sentido, uma vez que era notória a expressão emocional incongruente e superficial. Os sinais de arrependimento ou remorso foram mais aparentes quando o crime foi praticado concomitantemente com outro(s), e quando o sujeito valorou o crime como tendo sido um erro, total ou parcialmente, com repercussões negativas na sua vida e na da(s) vítima(s).

Na maioria dos casos houve apenas uma vítima, desconhecida do sujeito, o qual a abordou enquanto esta caminhava sozinha pela via pública. Durante a prática do crime, na maior parte das ocorrências, a vítima opôs resistência; apesar disso, a maior parte dos sujeitos considerou que a vítima não sofreu. Os resultados da análise correlacional indicam que, nos casos em que existiu mais que uma vítima, estas eram desconhecidas do sujeito, enquanto nos casos em que houve uma única vítima, esta lhe era mais próxima. Com o aumento do contacto com a vítima (desconhecida, conhecimento de circunstância, amiga, ...) aumentou o grau de proximidade (sem relação, superficial, próxima, íntima, ...). Nos casos em que a vítima era desconhecida, esta circulava a pé, sozinha, na via pública, ou encontrava-se no interior de um veículo, imobilizado ou em circulação, na via pública; as vítimas próximas ao sujeito, por seu lado, encontravam-se a dormir, no interior do seu domicílio, ou noutras actividades da sua vida quotidiana. O comportamento das vítimas mais novas antes da prática do crime foi percebido pelo sujeito como provocante, enquanto que o das vítimas mais velhas foi considerado por este como "normal"; o comportamento das vítimas mais próximas ao sujeito foi também entendido como provocante, enquanto o das desconhecidas foi considerado normal.

No decurso da agressão, as vítimas desconhecidas não opuseram resistência, ao contrário das vítimas próximas ao sujeito. As vítimas cujo comportamento antes do crime foi percebido como provocante, durante o crime "tentam resistir", na opinião do sujeito, enquanto que aquelas cujo comportamento foi percebido como normal, tenderam a resignar-se, aos olhos do sujeito. Nos casos em que existiu mais que uma vítima, o sujeito percebeu o comportamento destas durante a prática do crime como uma tentativa de opor resistência. Por fim, nos casos em que o sujeito percebeu o comportamento da vítima durante o crime como colaborante ou resignado, considerou que esta não vivenciou o crime com sofrimento, ao contrário daquelas cujo comportamento foi percebido como de oposição, a quem foi atribuída uma vivência de provável ou certo sofrimento.

A adaptação dos sujeitos ao meio prisional decorreu sem incidentes de maior, tendo estes sido apoiados e visitados pelos familiares e, em alguns casos, pelos amigos. Os resultados parecem indicar que os sujeitos com antecedentes prisionais receberam maior apoio por parte de familiares e amigos do que os que se encontravam detidos pela primeira vez. Por outro lado, verificou-se que, nas famílias em que o pai tinha antecedentes criminais, também a mãe e algum(ns) dos restantes familiares os tinham. No que respeita ao futuro, os sujeitos não prevêem alterações na sua vida quotidiana, nem tencionam tomar qualquer tipo de atitude para com a vítima.

Face ao exposto, verificámos que não existiam diferenças significativas entre a nossa amostra de violadores e outras populações forenses portuguesas, estudadas por outros autores (Almeida, 1999; Abrunhosa Gonçalves & Vieira, 2005) ou examinadas por nós no decurso da nossa prática clínica.

Os dados da avaliação psicométrica vão de encontro ao que seria esperado neste tipo de população: indivíduos com personalidades do tipo psicopático, com características anti-sociais e oposicionais, associadas a traços de paranóia, desconfiança e suspeição face aos motivos dos outros. De facto, o perfil traçado pelo Minnesota Multiphasic Personality Inventory 2 (M. M. P. I. 2) apresenta elevações na escala Desvio Psicopático (Pd) e Paranóia (Pa), traduzidas num código duplo 46/64. Este código caracteriza-se, essencialmente, pela raiva, ressentimento, desconfiança, irritabilidade, hipersensibilidade à crítica e às exigências, projecção da culpa nos outros, irreverência, desobediência e negativismo. Estes indivíduos tendem a ser imaturos, egocêntricos e auto-indulgentes, fazendo exigências excessivas e dramáticas dos relacionamentos. Geralmente desconfiam das motivações dos outros, ressentem-se das exigências que lhes são feitas e tendem a evitar envolvimentos emocionais profundos. Assim, os problemas relacionais são característicos dos seus conflitos psicológicos, especialmente se envolverem elementos do sexo oposto (Butcher & Williams, 1992; Graham, 1993; Friedman et al., 2001; Nichols, 2001).

Com facilidade estes indivíduos se sentem rejeitados ou criticados pelos outros, particularmente pelas figuras de autoridade, e tomam conclusões precipitadas baseadas em informação inadequada e reduzido planeamento. O controlo dos impulsos deficitário é característico destes indivíduos, acompanhado pela passagem ao acto sem reflexão prévia, antecipação ou deliberação suficientes. O seu pensamento está tipicamente focado na forma como foram lesados ou negligenciados, como os outros estão "em falta", e em como podem proteger-se ou conseguir vingança. Dificilmente consideram o seu próprio papel na criação de situações difíceis ou de problemas; pelo contrário, racionalizam e transferem a culpa para os outros, minimizando ou negando a sua responsabilidade pelo seu próprio comportamento. Muitas vezes, provocam abertamente os outros mas não assumem qualquer responsabilidade pelos seus comportamentos. As histórias de vida destes indivíduos evidenciam, habitualmente, problemas de interacção social, com especial incidência nos conflitos familiares, com projecção da culpa nos familiares, poucas relações próximas, divórcio e, frequentemente, consumo de drogas ou álcool (Greene, 2000; Friedman et al., 2001; Nichols, 2001). Embora o inventário não se encontre ainda adaptado e aferido para a população portuguesa e, por essa razão, os dados recolhidos devam ser encarados com alguma prudência, assinalamos que estes vão de encontro aos obtidos por Levin e Stava (1987, cit. in Ward, McCormack, Hudson & Polaschek, 1997).

Tais características são exacerbadas, a nosso ver, pela vivência do quotidiano prisional, particularmente duro para estes indivíduos; contudo, salientamos que se tratam de traços, características estruturais, constitucionais, e não de um mero estado induzido pelas condições adversas do meio. De facto, as competências sociais e de resolução de problemas não se encontram lesadas ou diminuídas, sendo os resultados destes indivíduos perfeitamente congruentes com os valores normativos para a população portuguesa em geral. Apresentam valores elevados no auto-conceito, como é característico deste tipo de personalidade egocêntrica e auto-indulgente, com níveis de psicopatia algo elevados, sobreponíveis às médias obtidas noutros estudos levados a cabo com delinquentes sexuais portugueses (Abrunhosa Gonçalves & Vieira, 2005). Como seria de esperar, à elevação dos valores de psicopatia está associada uma elevação do risco de violência sexual.

A análise das tipologias descritas no capítulo 6 e o esforço prático de comparação dos tipos definidos pelos autores com as características da nossa amostra vieram, mais uma vez, salientar a especificidade cultural deste fenómeno criminal e a necessidade de aprofundar e sistematizar o conhecimento acerca dos seus autores. Desde logo esperámos encontrar diferenças entre as características da nossa amostra e as das amostras estudadas pelos autores das diversas tipologias, o que, por si só, determinaria a exclusão de um ou outro tipo, assim como um eventual excedente de sujeitos por classificar. Na prática, deparámo-nos com critérios de inclusão imprecisos, distinções artificiais de aspectos que, na prática, nos parecem indissociáveis, assim como com a necessidade de optar por uma de duas ou mais características que estavam presentes naquele sujeito, sendo forçados a definir prioridades, a valorar de forma diversa realidades coexistentes.

Verificámos que, enquanto as tipologias com menor número de tipos, sendo estes mais abrangentes, permitiam a classificação de um maior número de elementos da amostra, a distinção feita acabava por ser redutora. Tal foi o caso da tipologia de Kopp que, embora enquadrando a totalidade da nossa amostra, apenas nos permitiu distinguir, em traços gerais, entre psicopatas e não-psicopatas. No caso da tipologia de Guttmacher e Weinhofen, por exemplo, foi-nos possível enquadrar todos os elementos da nossa amostra, em parte devido à indefinição de critérios para a inclusão em cada tipo: as descrições fornecidas pelo autor foram vagas e relativamente subjectivas, particularmente para o primeiro tipo, o chamado "Verdadeiro Agressor Sexual", que acabou por funcionar como um escape para os sujeitos que não apresentavam características sádicas nem se enquadravam no tipo Agressivo.

A tipologia de Gebhard e colaboradores apresenta, do nosso ponto de vista, a grande vantagem de distinguir dois tipos associados à doença mental, concretamente o Deficiente Mental e o Psicótico. Contudo, a distinção do tipo Embriagado parece-nos artificial e enganadora: no caso da nossa amostra, vários sujeitos cometeram o crime sob a influência do álcool, mas essa não era a sua única característica, nem a mais importante. O álcool, utilizado como facilitador, surge associado a diversas circunstâncias e características estruturais da personalidade; para efeitos de enquadramento tipológico, optámos por atribuir maior importância às características estruturais dos sujeitos (doença mental grave, psicopatia, sadismo) e menor a factores ditos acessórios, como foi o caso do álcool. Assim se justifica que o tipo Embriagado não inclua nenhum elemento da nossa amostra, quando atrás referimos que alguns crimes foram cometidos em estado de maior ou menor embriaguez.

Com a complexificação das tipologias, o aumento dos tipos e do número e rigidez dos critérios de inclusão, deparamo-nos com duas realidades que, na prática, resultam num dilema: a sobreposição de tipos e as distinções artificiais. Já demos o exemplo do tipo Embriagado de Gebhard e colaboradores, mas muitos outros haveria a citar, nomeadamente a distinção entre as características sádicas e as psicopáticas ou sociopáticas. Do ponto de vista clínico, ortodoxo, o sadismo é muito raro, mesmo em contexto de violação. As descrições dadas pelos autores relativamente aos seus tipos ditos sádicos enquadram-se, em maior ou menor grau, naquilo que geralmente caracterizamos como psicopata. De outra perspectiva, todo o psicopata tem traços sádicos, mais ou menos evidentes, da mesma forma que, muitas vezes, a violação comporta em si mesma uma componente sádica (ainda que não no sentido estritamente clínico do termo). A sobreposição é por demais evidente. Resta-nos então o dilema: aceitar a (inaceitável) sobreposição dos tipos ou proceder à (artificial) diferenciação de realidades coexistentes?

No presente estudo recorremos à extracção de critérios rígidos e estanques, derivados por nós das descrições fornecidas pelos autores, por forma a evitar, tanto quanto possível, a sobreposição dos tipos. O resultado foram tipos claramente artificiais e redutores, que não espelham a real complexidade dos sujeitos da nossa amostra. Este nosso esforço levou-nos a reforçar a nossa convicção da necessidade urgente de aprofundar o conhecimento dos profissionais das chamadas ciências forenses acerca do(s) violador(es) português(es).

10.
Conclusão

Da nossa breve incursão ao universo prisional português, ao quotidiano do violador ora recluso, regressamos com a noção de que os sujeitos entrevistados se aproximam muito mais da população portuguesa em geral, com a qual nos cruzamos no dia-a-dia, do que da mítica figura do "violas", o terrível criminoso, indivíduo atávico, aberrante, remanescente do "criminoso nato" Lombrosiano. Contudo, um conjunto de circunstâncias na vida destes sujeitos determinou que se destacassem das massas, neste caso pela prática criminal. Importa, pois, conhecer tais circunstâncias, tais trajectórias de vida, de forma a poder implementar práticas preventivas e reabilitativas mais eficazes. O período de reclusão é, para o condenado por violação, particularmente penoso, pela marcada estigmatização, censura e punição de que são alvo por parte dos restantes reclusos e, muitas vezes, do *staff* prisional. Tais comportamentos geram reacções de afastamento, silêncio e revolta interior nos sujeitos, reacções estas que não permanecerão forçosamente intra-muros aquando do termo da pena imposta. De facto, ouvimos promessas de vingança mais ou menos vãs contra sociedades opressoras, alegadas vítimas conspiradoras e seus comparsas, algumas das quais claramente fruto da raiva do momento e sem repercussões previsíveis para terceiros. Contudo, não podemos ficar indiferentes ao escutar um indivíduo jovem, com menos de trinta anos dizer que "quando sair, vou atrás dela e do pai, e mato-o. Mato-o à frente dela e depois mato-a também, só por não ter dito a verdade e não me ter defendido. Volto para cá para dentro, eu sei, mas volto como homicida, e esses gajos têm respeito cá dentro, não são tratados como escumalha, como eu. Não, aí volto com as regalias todas. Que futuro é que acha que um violador tem lá fora? Mais me vale voltar para cá, mas voltar no topo!" (sic.).

Eu não fiquei...

Referências Bibliográficas

ABRUNHOSA GONÇALVES, R., & VIEIRA, S. (2005). Agresores sexuales y peligrosidad: la contribución de la psicopatía. In R. Arce, F. Fariña, & M. Novo (Eds.) *Psicología jurídica* (pp. 167-176). Galicia: Xunta de Galicia.
ALMEIDA, F. (1999). *Homicidas em Portugal*. Maia: Instituto Superior da Maia.
AMERICAN PSYCHIATRIC ASSOCIATION. (2002). *Manual de diagnóstico e estatística das perturbações mentais* (4.ª ed., revisão de texto). Lisboa: Climepsi Editores.
BARRA DA COSTA, J. M. (2003). *Sexo, nexo e crime: Teoria e investigação da delinquência sexual*. Lisboa: Edições Colibri.
BOER, D. P., HART, S. D., KROPP, P. R., & WEBSTER, C. D. (1997). *Manual for the sexual violence risk-20: professional guidelines for assessing risk of sexual violence*. Vancouver: The British Columbia Institute Against Family Violence.
BRIGGS, D., DOYLE, P., GOOCH, T., & KENNINGTON, R. (1998). *Assessing men who sexually abuse: a practice guide*. London: Jessica Kingsley Publishers Ltd.
BUTCHER, J. N., & WILLIAMS, C. L. (1992). *Essentials of MMPI-2 and MMPI-A interpretation*. Minneapolis: University of Minnesota Press.
DIAS, J. F. (ED.). (1999). *Comentário conimbricense do código penal: parte especial. Tomo I*. Coimbra: Coimbra Editora.
FLORA, R. (2001). *How to work with sex offenders: a handbook for criminal justice, human service and mental health professionals*. New York: The Haworth Clinical Practice Press.
FREUND, K., & SETO, M. C. (1998). Preferential rape in the theory of courtship disorder. *Archives of Sexual Behaviour, 27* (5), 433-443.
FRIEDMAN, A. F., LEWAK, R., NICHOLS, D. S., & WEBB, J. T. (2001). *Psychological assessment with the MMPI-2*. Mahwah, New Jersey: Lawrence Erlbaum Associates, Publishers.
GOMES, F. A. (2004). *Paixão, amor e sexo*. Lisboa: Publicações Dom Quixote.
GONÇALVES, R. A. (1999). *Psicopatia e processos adaptativos à prisão*. Braga: Universidade do Minho.
GONÇALVES, R. A. (2000). *Delinquência, crime e adaptação à prisão*. Coimbra: Quarteto.
GRAHAM, J. R. (1993). *MMPI-2: Assessing personality and psychopathology* (2nd ed.). New York: Oxford University Press.
GREENE, R. L. (2000). *The MMPI-2: an interpretive manual* (2nd ed.). Needham Heights: Allyn & Bacon.

GROTH, A. N. (1979). *Men who rape: the psychology of the offender.* New York: Plenum Press.
HARE, R. D. (1991). *The Hare psychopathy checklist-revised.* Toronto: Multi Health Systems.
KNIGHT, R. A., & PRENTKY, R. A. (1990). Classifying sexual offenders: the development and corroboration of taxonomic models. In W. L. Marshall, D. R. Laws, & H. E. Barbaree (Eds.), *Handbook of sexual assault: issues, theories, and treatment of the offender* (pp. 23-49). New York: Plenum Press.
LORENZ, K. (1963). *A agressão: uma história natural do mal.* Lisboa: Relógio D'Água Editores.
MARSHALL, W. L., LAWS, D. R., & BARBAREE, H. E. (1990). *Handbook of sexual assault: issues, theories, and treatment of the offender.* New York: Plenum Press.
MARSHALL, W. L. (2001). *Agresores sexuales.* Barcelona: Editorial Ariel.
NICHOLS, D. S. (2001). *Essentials of MMPI-2 Assessment.* New York: John Wiley & Sons, Inc..
PRENTKY, R. A., & BURGESS, A. W. (2000). *Forensic management of sexual offenders.* New York: Kluwer Academic/ Plenum Publishers.
RELVAS, J., SERRA, A. V., ROBALO, M., SARAIVA, C., & COELHO, I. (1984). Análise factorial da Escala IPC de Levenson. *Psiquiatria Clínica, 5* (4), 197-202.
RELVAS, J., SERRA, A. V., SARAIVA, C., & COELHO, I. (1984). Resultados da aplicação da Escala IPC de Levenson a estudantes universitários. *Psiquiatria Clínica, 5* (3), 119-124.
ROURE, L., & DUIZABO, P. (2003). *Les comportements violents et dangereux : aspects criminologiques et psychiatriques.* Paris: Masson.
SALTER, A. C. (2003). *Predators: pedophiles, rapists, & other sex offenders.* New York: Basic Books.
SANMARTÍN, J. (2004). Agresividad y violencia. In J. Sanmartín (Ed.), *El laberinto de la violência: causas, tipos y efectos* (pp. 21-44). Barcelona: Editorial Ariel.
SCHARFETTER, C. (1997). *Introdução à psicopatologia geral.* Lisboa: Climepsi.
SERRA, A. V. (1986). A importância do auto-conceito. *Psiquiatria Clínica, 7* (2), 57-66.
SERRA, A. V. (1986). O «inventário clínico de auto-conceito». *Psiquiatria Clínica, 7* (2), 67-84.
SERRA, A. V. (1988). Um estudo sobre o coping. *Psiquiatria Clínica, 9* (4), 301-316.
SERRA, A. V., FIRMINO, H., RAMALHEIRA, C. (1988). Estratégias de coping e auto--conceito. *Psiquiatria Clínica, 9* (4), 317-322.
WARD, T., MCCORMACK, J., HUDSON, S. M., & POLASCHEK, D. (1997). Rape: assessment and treatment. In D. R. Laws & W. O'Donohue (Eds.), *Sexual deviance: theory, assessment, and treatment* (pp. 356-385). New York: The Guilford Press.

ANEXOS

Anexo 1

Termo de Consentimento

<u>Consentimento Informado</u>

Eu, _____, declaro ter sido informado pela Dra. Maria Francisca Farinhas de Rebocho Lopes que a(s) presente(s) entrevista(s) tem por objectivo um trabalho de investigação, cuja finalidade é aprofundar o conhecimento acerca dos reclusos que se encontram actualmente a cumprir pena. Pretende-se com este estudo obter uma melhor compreensão da vivência destes indivíduos, com vista à implementação de medidas de intervenção e reabilitação adequadas. Mais declaro que desejo participar na realização da mesma e que autorizo a investigadora a colher os dados clínicos relativos à minha pessoa que entenda por convenientes.

_____, ___ de _____ de 200__

Assinatura

_____

Anexo 2

Questionário

1. Identificação

Nome: _____
Idade: _____ Estado Civil: _____ Profissão: _____
Naturalidade: _____ Residência: _____

2. Antecedentes Familiares

Genograma / Fratria:

Lugar na Fratria: ___
Pai:
    Escolaridade: _____ Profissão: _____
    Antecedentes psiquiátricos: _____
    _____
    Antecedentes criminais / prisionais: _____
    _____
    Consumos: _____
    Relacionamento com o pai: _____
    _____
    Relacionamento do pai com a mãe: _____
    _____
    Relacionamento do pai com os restantes familiares: _____
    _____
    Conceito social do pai: _____

Mãe:
    Escolaridade: _____ Profissão: _____
    Antecedentes psiquiátricos: _____
_____
    Antecedentes criminais / judiciais: _____
_____
    Consumos: _____
    Relacionamento com a mãe: _____
_____
    Relacionamento da mãe com o pai: _____
_____
    Relacionamento da mãe com os restantes familiares: _____
_____
    Conceito social da mãe: _____
    Obs: _____
_____

Relacionamento com os irmãos: _____
_____

Antecedentes familiares de doença mental: _____
_____

Antecedentes familiares criminais/judiciais: _____
_____

3. Percurso Escolar
Habilitações literárias: _____
Início: _____ anos   Abandono: _____ anos de idade, motivo _____
_____

Aprendizagem: Facilidade / Dificuldade _____
Assiduidade: _____ Reprovações: _____
Relação com os professores: _____
_____

Relação com os colegas: _____
_____

4. Percurso Profissional
Início: _____ anos de idade, área: _____
Evolução laboral: Estável / Instável _____

Inserção laboral: Satisfatória / Insatisfatória _____

Desempenho laboral: Satisfatório / Insatisfatório _____

Relação com os superiores: _____

Relação com os colegas: _____

5. Desenvolvimento Pessoal

Caracterização do meio social envolvente: _____

Caracterização do ambiente familiar: Harmonioso / Disfuncional _____

Inserção familiar: _____

Vivência da socialização / Círculo relacional: Sociável / Isolado; Contacto interpessoal fácil / difícil; Círculo relacional vasto / restrito _____

Vivência afectiva / amorosa: _____

História médica: _____

Antecedentes pessoais de doença mental: _____

Antecedentes pessoais criminais / judiciais / de comportamento anti-social: _____

Consumos / Comportamentos aditivos: _____

Acontecimentos marcantes: _____
_____
_____

6. Período anterior à prática do crime
Vida familiar: _____
_____

Vida profissional: _____
_____

Vida social: _____
_____

Acompanhamento psiquiátrico / psicológico / medicação: _____
_____
_____

Consumos / Comportamentos aditivos: _____
_____
_____

Estado psíquico em geral: _____
_____
_____

7. O Crime
Data da ocorrência: _____ Hora / Altura do dia: _____
Local: _____
Descrição do local: _____
_____
_____

Motivação: _____
_____
_____

Circunstâncias: _____
_____
_____
_____

Testemunhas: _____
_____

Comportamento anterior e posterior à ocorrência: Preparação do local / Premeditação do acto / Eliminação de vestígios / Fuga _____

Selecção da vítima: _____

Utilização de armas / álcool / drogas como facilitadores: _____

8. A Vítima

Género: _____ Idade: _____ Afinidade populacional: _____
Natureza da relação com a vítima: _____
Qualidade da relação: _____

Estado civil: _____ Profissão: _____
Residência: _____ Consumos: _____
Portadora de deficiência / doença física ou mental: _____

Papel desempenhado pela vítima no desenrolar dos acontecimentos que culminaram com o crime: _____

Comportamento da vítima imediatamente antes, durante e após o crime: _____

Forma como a vítima percepcionou e vivenciou o ocorrido: _____

Atitudes para com a vítima após a prática do crime: _____

9- Situação Actual

Percepção / concepção / valorização do acto cometido: _____
_____

Sentimentos face à vítima: _____
_____

Sinais aparentes de arrependimento ou remorsos: _____
_____

Adaptação ao meio prisional / inserção / comportamento: _____
_____

Apoio familiar / social: _____
_____

Visitas: _____
Acompanhamento psicológico / psiquiátrico: _____
_____

10. Perspectivas Futuras

Residência: _____
Vida familiar: _____
_____

Vida profissional: _____
_____

Vida social: _____
_____

Atitudes para com a vítima: _____
_____

Obs: _____
_____
_____
_____